変わる！高校国語の新しい理論と実践

「資質・能力」の確実な育成をめざして

大滝一登　幸田国広 [編著]

大修館書店

まえがき

　今、高校教育が大きく動き出そうとしている。
　近年、大規模な教育改革が次々と具体的な姿を見せ始めている。次期学習指導要領等の改訂、高大接続改革など、高校教育に深く関係する改革は、どれも小手先の変更では済まない大きなものばかりである。こうした動きを受け、学校現場も、アクティブ・ラーニングに対する強い関心に象徴されるとおり、教育改革に対してかつてない視線を注いでいると思われる。
　こうした状況の中で、新しい高校国語の方向性をどのように考えればよいのだろうか。
　高校国語は、戦後、数回にわたる学習指導要領の改訂を経るなど、その都度、時代の影響を受けてきた。現行学習指導要領においては、言語活動の充実がキーワードとなり、他教科等の学習に資する国語科の役割も一層期待されており、優れた実践も多数、報告されるようになってきている。
　しかし、その一方で課題も指摘されている。中央教育審議会初等中等教育分科会教育課程部会「次期学習指導要領等に向けたこれまでの審議のまとめについて（報告）」（平成28年8月）では、高校国語の課題について、次のように言及されている。

○　高等学校の国語教育においては、教材の読み取りが指導の中心になることが多く、国語による主体的な表現等が重視された授業が十分行われていないこと、話合いや論述などの「話すこと・聞くこと」、「書くこと」の領域の学習が十分に行われていないこと、古典の学習について、日本人として大切にしてきた言語文化を積極的に享受して社会や自分との関わりの中でそれらを生かしていくという観点が弱く、学習意欲が高まらないことなどが課題として指摘されている。

　こうした課題は最近明らかになったものではなく、長年にわたる課題といってよい。高校国語の授業といえば、「羅生門」「山月記」「こころ」「舞姫」といった定番の小説教材を読む授業や、古文・漢文の原文を現代語訳にして

いく授業を、多くの方がステレオタイプのように想起されるのは、こうした課題の裏返しといえるだろう。こうした授業を受けた生徒は、読み取るべき教材の内容を教えてもらった印象は抱いても、高校国語で社会に生きる言語能力を身に付けさせてもらったという実感は薄くならざるをえないのではないだろうか。

　こうした課題を背景に、次期学習指導要領では、高校国語で育成すべき「資質・能力」をより明確にしていく方向性が示されている。このことは、これまでの指導の目標をより明確にし、目標、学習活動、学習評価の三者の整合性をより強固なものにしていくことをめざすものである。こうした動きに対応するには、これまでにも増して、一人一人の高校国語科教師の自覚と専門性の向上が必要とされるだろう。

　こうした状況を踏まえ、本書は、これからの高校国語の新しい方向性をより具体的に提案しようとしたものである。

　理論編では、こうした変革期の高校国語科教育を展望するとともに、「資質・能力」の育成の重要性、「主体的・対話的で深い学び（アクティブ・ラーニング）」の視点からの授業改善、新しい学習評価のあり方、言語文化の享受・継承、高大接続改革の方向性といった教育改革の論点について、最先端で活躍されている研究者からの解説・提言を示している。読者の方には、性急に実践構想へと走るのではなく、理論的背景を理解した上で、優れた実践につながる視点を獲得していただきたい。

　理論編に続いて、座談会のページを設けている。これは、理論編と実践編とをつなぐ役割を果たすとともに、本書のガイド的なページでもある。最初から読むことに抵抗がある読者の方は、ここから読み始めていただいてもよいだろう。

　実践編では、領域や科目のバランスを確保しながら、10の実践を提案している。あくまでも現行学習指導要領における実践ではあるが、教育改革を見据えて、個々の実践がどのような可能性を有するものであるかのポイントも含めて示している。特徴的なのは、これらの実践は全て単なるアイディアではなく、実際の教室で実践され検証されたものであるという点である。そのため、ねらいどおりに学習活動が進まなかったり、十分な学習成果が得ら

れなかったりした点も部分的にはあるが、高校生の実態を踏まえたリアルな提案となっている。是非とも具体的な実践構想を練る際の参考としていただきたい。

　本書が、できるだけ多くの高校国語関係者にとって役に立つものとなり、これからの社会を支える高校生の言葉の学びに資することを切に願うものである。

　　　　　　　　　　　　　　　　　　　　　　　　　　　　　大滝一登

目次

まえがき ……………………………………………………………… 003
「実践編」の構成について ………………………………………… 008

理論編……009

① 変革期の高校国語科教育を展望する………………大滝一登　010
② 「資質・能力の育成」をめざす高校国語科の学習指導……幸田国広　022
③ 新しい教育評価………………………………………髙木展郎　034
④ 「言語文化」の学び方………………………………藤森裕治　046
⑤ 高大接続の改革とその背景…………………………島田康行　058

座談会……070

国語教育のこれまでとこれから
(大滝一登・幸田国広・佐藤和彦・河手由美香・小林一之・十文字富美絵)
・次期学習指導要領への反応
・実践をめぐって
・高大接続改革を考える

実践編……081

① 分かりやすい話し方入門
　―我が校の魅力を中学生に紹介する―　　話すこと・聞くこと　国語総合 ………… 082

② 想像力を広げて物語を創ろう
　―ポストイットを用いたショートストーリー作り―　　書くこと　現代文B …… 094

③ 異論・反論を想定した小論文の書き方
　―学習者同士の交流・相互評価を通して―　　書くこと　国語表現 …………… 108

④ 相手を意識した説明文の作成
　―グループワークで発見する方法―　　書くこと　現代文B ……………………… 120

⑤ 思考の仕方を捉え、文化を深く考察する
　―随筆、歌詞、評論を関連付けて読む―　　読むこと　現代文A ………………… 132

⑥ 小説の読み方の自覚を深める
　―「檸檬」から一人称小説へ―　　読むこと　現代文B ……………………………… 146

⑦ 漢文をシナリオに書き換える
　―協働学習と朗読劇―　　読むこと　古典A …………………………………………… 158

⑧ 和歌から物語を復元する
　―個別学習とグループ学習の往還―　　読むこと　古典B …………………………… 172

⑨ 日本の感性をたどる
　―古典と近代以降の関連した文章をつなげて読む―　　伝統的な言語文化　古典A …… 184

⑩「問題な日本語」ハンティング
　―なぜ「問題」なのかをプレゼンテーションする―　　国語の特質　現代文B ……… 196

資料編……211

次期学習指導要領関連資料／新テスト問題イメージ例 ……………………… 212
主要キーワード解説 ……………………………………………………………… 216

あとがき …………………………………………………………………………… 221
執筆者・執筆箇所一覧 …………………………………………………………… 222

「実践編」の構成について

1 **授業実践のねらいと背景**……どのような学力を付けるためにどのような学習材を用い、どのような授業を構想しているか、という授業実践のねらいの解説。また、学校の特徴や状況、学習者の実態等、本単元設定の背景等を示す。
2 **単元指導計画**……科目名・実施時期・学習活動の概要を示す。
3 **全体の授業の流れと指導・評価のポイント**……「2」の指導計画に基づいた、全体の授業の流れとそれに対応した指導と評価のポイントを示す。
4 **授業実践の実際**……全体の授業の中から特に示したい授業を1〜2時限程度ピックアップし、各時限の授業の具体的な流れを示す。
5 **授業実践の成果と課題**……実践の成果や反省点、今後の課題、展望等を示す。

この実践ここがポイント❶……授業実践指導者から見た授業実践の特徴を分析し、評価・解説する。発展を考えた際、どのような授業展開が考えられるか等、この方向性での今後の授業の展望も示す。

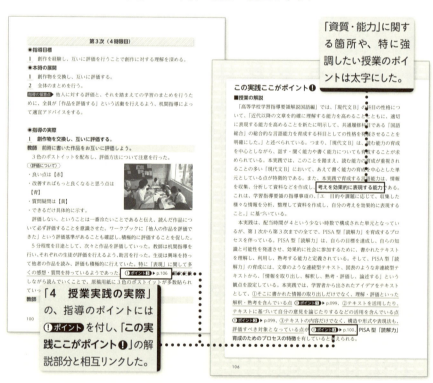

理論編

理論編①

変革期の高校国語科教育を展望する

キーワード　次期学習指導要領／資質・能力／高校国語新科目

文部科学省教科調査官　大滝一登

1　新しい時代に向けた学習指導要領の方向性

　中央教育審議会初等中等教育分科会教育課程部会は、平成28年8月26日に「次期学習指導要領等に向けたこれまでの審議のまとめ」(以下「審議まとめ」という)を公表した。

　審議まとめでは、学習指導要領の改訂について、「グローバル化の進展や人工知能(AI)の飛躍的な変化など、社会の加速度的な変化を受け止め、将来の予測が難しい社会の中でも、伝統や文化に立脚した広い視野を持ち、志高く未来を創り出していくために必要な資質・能力を子供たち一人一人に確実に育む学校教育の実現を目指す」ためとし、「"よりよい学校教育を通じてよりよい社会を創る"という目標を学校と社会が共有し、連携・協働しながら、新しい時代に求められる資質・能力を子供たちに育む『社会に開かれた教育課程』を実現」するとしている。

　また、「子供たちの現状と課題を踏まえつつ、人間が学ぶことの本質的な意義や強みを改めて捉え直し、一人一人の学びを後押しできるよう、これまで改訂の中心であった『何を学ぶか』という指導内容の見直しにとどまらず、『どのように学ぶか』『何ができるようになるか』までを見据えて学習指導要領等を改善」するとし、「生きる力」とは何かを
　①生きて働く「知識・技能」の習得
　②未知の状況にも対応できる「思考力・判断力・表現力等」の育成
　③学びを人生や社会に生かそうとする「学びに向かう力・人間性」の涵養
の三つの柱に沿って具体化し、そのために必要な教育課程の枠組みを再整理するとしている。

　さらに、「子供たちが『どのように学ぶか』に着目して、学びの質を高め

ていくためには、『学び』の本質として重要となる『主体的・対話的で深い学び』の実現をめざした『アクティブ・ラーニング』の視点から、授業改善の取組を活性化していくことが必要」であるとしている。

また、高等学校については、「高大接続改革の動きを踏まえながら、高等学校において育成が求められる資質・能力を確実に育み、社会生活や高等教育に学びの成果をつなげていくという視点で改善。教科・科目選択の幅の広さを生かし、育成を目指す資質・能力を明確にして教育課程を編成することが重要」だとし、教科・科目構成を見直すとしている。

2　高等学校国語科の新しい方向性

審議まとめでは、国語科のあり方についてはどのように示されているのだろうか。

平成24年に実施されたOECD生徒の学習到達度調査（PISA）における「読解力」の平均得点が良好であることなど一方で成果を述べながらも、もう一方で校種に応じた課題も指摘している。例えば、高等学校については、以下のとおりである。

○　高等学校では、教材への依存度が高く、主体的な言語活動が軽視され、依然として講義調の伝達型授業に偏っている傾向があり、授業改善に取り組む必要がある。また、文章の内容や表現の仕方を評価し目的に応じて適切に活用すること、多様なメディアから読み取ったことを踏まえて自分の考えを根拠に基づいて的確に表現すること、国語の語彙の構造や特徴を理解すること、古典に対する学習意欲が低いことなどが課題となっている。

こうした課題を踏まえ、国語科において育成をめざす資質・能力についても、「知識・技能」、「思考力・判断力・表現力等」、「学びに向かう力・人間性等」の三つの柱に沿った整理が行われ、それを踏まえ、「知識・技能」において、自分が用いる言葉に対するメタ認知に関わる「言葉の働きや役割に関する理解」の重要性に加え、「思考力・判断力・表現力等」の「情報を多

面的・多角的に精査し構造化する力」、自分の感情をコントロールすることにつながる「感情や想像を言葉にする力」や、他者との協働につながる「言葉を通じて伝え合う力」など三つの側面（「創造的・論理的思考の側面」、「感性・情緒の側面」「他者とのコミュニケーションとの側面」）のバランスのとれた育成や、より深く、理解したり表現したりするため、「考えを形成し深める力」の育成が重要であることが示された。

こうした整理を踏まえ、学校段階毎に育成をめざす資質・能力（▶ p.216）についても整理され、これに基づき教科目標も示されることとされた。高等学校については、次のとおりである。

◎言葉による見方・考え方を働かせ、国語で的確に理解し効果的に表現することを通して、国語に関する資質・能力を次のとおり育成することを目指す。
①生涯にわたる社会生活や専門的な学習に必要な国語の特質について理解し適切に使うことができるようにする。
②創造的・論理的思考や感性・情緒を働かせて思考力や想像力を豊かにし、多様な他者や社会との関わりの中で、言葉で自分の思いや考えを深めることができるようにする。
③言葉を通じて伝え合う意義を認識するとともに、言語文化の担い手としての自覚を持ち、言語感覚を磨き、生涯にわたり国語を尊重してその能力の向上を図る態度を養う。

教科目標の冒頭の「言葉による見方・考え方」（▶ p.217）とは、「自分の思いや考えを深めるため、対象と言葉、言葉と言葉の関係を、言葉の意味、働き、使い方等に着目して捉え、その関係性を問い直して意味付けること」であると定義されている。

また、審議まとめでは、国語科において、ただ活動するだけの学習にならないよう、活動を通じてどのような資質・能力を育成するのかを示すため、「話すこと・聞くこと」、「書くこと」、「読むこと」の３領域における学習活動（学習過程）との関係についても整理されている。例えば、「読むこと」

においては、「学習目的の理解（見通し）」、「選書（本以外も含む）」、「構造と内容の把握」、「精査・解釈」、「考えの形成」、「他者の読むことへの評価、他者からの評価」、「自分の学習に対する考察（振り返り）」、「次の学習活動（話すこと・聞くこと、書くこと、読むこと）への活用」という学習過程が示され、どの資質・能力がどの過程で重点的に働くのかが明示されている。また、示された一連の学習過程を実施する上では、三つの柱のうち、「学びに向かう力・人間性等」を原動力とし、「知識・技能」や「思考力・判断力・表現力等」の育成が図られるとしている。

こうした国語科全体の整理とともに、高等学校については、科目構成の見直しについても言及されている。その内容は、以下のとおり（抜粋）である。

○　国語は、我が国の歴史の中で創造され、上代から近現代まで継承されてきたものであり、そして現代において実社会・実生活の中で使われているものである。このことを踏まえ、後者と関わりの深い実社会・実生活における言語による諸活動に必要な能力を育成する科目「現代の国語（仮称）」と、前者と関わりの深い我が国の伝統や文化が育んできた言語文化を理解し、これを継承していく一員として、自身の言語による諸活動に生かす能力を育成する科目「言語文化（仮称）」の二つの科目を、全ての高校生が履修する共通必履修科目として設定する。

○　共通必履修科目「現代の国語（仮称）」は、実社会・実生活に生きて働く国語の能力を育成する科目として、「知識・技能」では「伝統的な言語文化に関する理解」以外の各事項を、「思考力・判断力・表現力等」では全ての力を総合的に育成する。

○　共通必履修科目「言語文化（仮称）」は、上代（万葉集の歌が詠まれた時代）から近現代につながる我が国の言語文化への理解を深める科目として、「知識・技能」では「伝統的な言語文化に関する理解」を中心としながら、それ以外の各事項も含み、「思考力・判断力・表現力等」では全ての力を総合的に育成する。

○　選択科目においては、共通必履修科目「現代の国語（仮称）」及び「言語文化（仮称）」において育成された能力を基盤として、「思考力・判断

力・表現力等」の言葉の働きを捉える三つの側面のそれぞれを主として育成する科目として、「論理国語（仮称）」、「文学国語（仮称）」、「国語表現（仮称）」を設定する。

　また、「言語文化（仮称）」で育成された資質・能力のうち「伝統的な言語文化に関する理解」をより深めるため、ジャンルとしての古典を学習対象とする「古典探究（仮称）」を設定する。

○　なお、共通必履修科目である「現代の国語（仮称）」及び「言語文化（仮称）」において育成された能力は、特定の選択科目ではなく全ての選択科目につながる能力として育成されることに留意する必要がある。

○　選択科目「論理国語（仮称）」は、多様な文章等を多面的・多角的に理解し、創造的に思考して自分の考えを形成し、論理的に表現する能力を育成する科目として、主として「思考力・判断力・表現力等」の創造的・論理的思考の側面の力を育成する。

○　選択科目「文学国語（仮称）」は、小説、随筆、詩歌、脚本等に描かれた人物の心情や情景、表現の仕方等を読み味わい評価するとともに、それらの創作に関わる能力を育成する科目として、主として「思考力・判断力・表現力等」の感性・情緒の側面の力を育成する。

○　選択科目「国語表現（仮称）」は、表現の特徴や効果を理解した上で、自分の思いや考えをまとめ、適切かつ効果的に表現して他者と伝え合う能力を育成する科目として、主として「思考力・判断力・表現力等」の他者とのコミュニケーションの側面の力を育成する。

○　選択科目「古典探究（仮称）」は、古典を主体的に読み深めることを通して、自分と自分を取り巻く社会にとっての古典の意義や価値について探究する科目として、主に古文・漢文を教材に、「伝統的な言語文化に関する理解」を深めることを重視するとともに、「思考力・判断力・表現力等」を育成する。

○　また、「古典探究（仮称）」以外の選択科目においても、高等学校で学ぶ国語の科目として、探究的な学びの要素を含むものとする。

3　高校国語の授業をどのように転換すべきか

　それでは、こうした次期学習指導要領の改訂の方針を、高校国語の授業づくりにどのように反映させればよいのだろうか。めざす方向性を踏まえて、5点述べてみたい。

(1) **教材ありきから学習指導要領が示す資質・能力の重視への意識改革**

　高校だけの問題ではないかもしれないが、これまでの高校国語では、教材ありきという意識が大変強かったといえるだろう。研究授業や公開授業の際には、「羅生門」の授業、「水の東西」の授業などと呼ばれ、年間指導計画における単元名にもこうした教材名が示されている例が多い。多くの授業の冒頭では、単元や一単位時間の目標が示されることは少なく、いきなり筆者や作家に関する解説から始まったり、「教科書何ページ開いて。まずは読んでみよう」という教師の指示とともに、生徒による音読や教師による範読、朗読CDの再生が始まったりする例がイメージされる。

　こうした場面から始まる学習活動の多くは、いわゆる「読解」「読み取り」をめざすものである。古典はもちろんのこと、近代以降の文章（現代文）を教材とした授業においても、「訓詁注釈」めいた一言一句の意味を手堅く押さえていく授業が、主に一問一答式の一斉授業の形態で行われることが多かったのではないだろうか。

　こうした授業スタイルは、明治期の一斉教授法の時代から連綿と続く講義形式のものである。そこでは、教師が「正解」を有し、生徒に発問を行っても、生徒はその「正解」をめざすという方向で授業が進められる。取り扱われるテクスト（教材）は、読み手による主体的な解釈や評価の対象ではなく、解釈や評価があらかじめ「定まった」ものであり、そこでは、授業は、「知らない」生徒に「知っている」教師が知識を一方的に与える場になっている。

　国語はいわゆる「内容教科」ではないと言われることが多いが、このような授業が数多く行われているとすれば、それは、教材の内容を正確に伝達しようとする営みにとどまったものにすぎない。古典はもちろんのこと、評論や小説の授業においても、定期考査では、授業で取り扱った教材や発問が出題されることが多い。生徒は授業における教師の「答え」やそれが記録された板書をノートに書き、試験前に熱心に覚えようとする。このとき、それら

の情報は、生徒にとっては高得点につながる「知識」と化してしまっているのである。こうした授業では、授業を受ける前（before）と受けた後（after）でどのような言語能力が身に付いたのか、不明確な場合が多い。

　こうした指導がなかなか改善されないのは、高校教師にとって、授業目標を学習指導要領に基づいて設定するという意識が希薄であることの証左でもある。先述したとおり、高校国語の授業の大半を占める「読むこと」の指導は、「読解」「読み取り」をめざして行われており、わざわざ学習（指導）目標をその都度設定しなくても、授業を何となく進めることができるのである。筆者は全国の様々な研修の場で、受講者である教師に、日頃、学習指導要領を踏まえた授業づくりをしているかどうかについて尋ねることにしている。その結果、あくまでも主観ではあるが、高校国語を担当する教師は、義務教育に比べて、日頃授業づくりの際に学習指導要領を参照する機会が非常に少ないという印象である。指導すべき事項を規定している学習指導要領は、教育課程の基準として示されているのだが、その基準が意識されていない実態がうかがえるのである。

　今回の改訂は、「何ができるようになるか」という、育成すべき資質・能力を明確にしていくことになる。このことは、従来にも増して、高校国語の指導のあり方の大きな転換を迫るものである。単なる知識の伝達ではなく、他の教材にも生かせる言語能力（資質・能力）を身に付けさせる授業への転換は急務である。まずは、現行学習指導要領における指導事項を目標とする指導と評価を適切に行うことが大切である。

⑵ 「読むこと」への傾斜からバランスのとれた言語能力の育成への転換

　次に、⑴とも深く関係するが、これまでの指導の大きな課題として、「読むこと」領域の授業が大半を占め、「話すこと・聞くこと」「書くこと」領域の授業が行われにくいという現状がある。研究授業や公開授業においても、「話すこと・聞くこと」「書くこと」の授業が行われるのは珍しく、実践事例として取り上げられることも少ない。こうした状況は単に教師の裁量として片付けるわけにはいかない。高校生全員が履修する「国語総合」においては、学習指導要領に「話すこと・聞くこと」「書くこと」の指導時数の目安が明示されており、確実にこれらの授業が行われる必要がある。

しかし学校現場においては、これらの授業を積極的に行うという気運は必ずしも十分ではない。大半の国語の大学入試がペーパーテストによる「読むこと」の出題に限られていることなどを理由に挙げ、多くの教師は文章を読む指導に心血を注いでいるように思われる。例えば授業は、「現代文」「古文」「漢文」などの校内名称で呼ばれることが多く、教師が、本来3領域1事項の総合科目である「国語総合」を「現・古・漢」の総合科目だと勘違いしている例も多々見受けられるのである。一刻も早くこうした「読むこと」への傾斜から脱却し、バランスのとれた言語能力の育成を行う必要がある。

　次期学習指導要領においては、必履修科目「現代の国語（仮称）」が設置される方向である。この科目は「実社会・実生活における言語による諸活動に必要な国語の能力の育成」をめざしており、想定される学習活動として、「目的に応じて多様な資料を収集・解釈し、根拠に基づいて論述する活動」「文学作品等を読んで、構成や展開、優れた表現などの効果について言葉の意味や働きに着目して批評する活動」「根拠を持って議論し互いの立場や意見を認めながら集団としての結論をまとめる活動」が例示されている。こうしたいずれの活動にも「話すこと・聞くこと」「書くこと」の指導が欠かせない。

　これからの時代にこのような学習活動の充実が求められる背景には、審議まとめでも言及されていた、社会の加速度的な変化を挙げることができる。与えられた知識を単に再生するだけでは、グローバル化や情報化の進展する社会には対応できないことは明らかである。ビジネスにおいても、また生活するコミュニティにおいても、考えや価値観の異なる多くの相手と適切なコミュニケーションを行っていくためには、「現代の国語（仮称）」で想定されているような活動はますます必要となっていく。「読むこと」の学習の重要性はもちろんであるが、「話すこと・聞くこと」「書くこと」の学習の必要性は高まっており、「読むこと」の学習と関連させながら、その充実を図っていくことこそが、これからの高校国語が社会から信頼されるかどうかの成否の一つを握っているといってよいであろう。

(3) 一方的な講義調の授業から主体的・対話的で深い学びへの転換

　(1)(2)ともかかわるが、国語の授業において、審議まとめで指摘されていた「主体的な言語活動が軽視され」る傾向があることは、授業改善の大きな課

題であるといえる。

　現行学習指導要領においては、「言語活動の充実」がキーワードとなり、各教科等において、記録、要約、説明、論述、討論といった言語活動を当該教科等の目標を実現するための手立てとして授業に取り入れることになっている。国語科においても、小・中・高ともに、学習指導要領の「2. 内容」に「言語活動例」が示されたのは周知のとおりである。国語科においては、言語能力を確実に育成することによって、各教科等における言語活動の充実に資することがめざされている。その意味では、言語活動の充実の成否を握るのが国語科なのである。

　しかし、(2)で言及したとおり、高校国語においては、「話すこと・聞くこと」「書くこと」の指導が十分でなく、このことからも推測されるとおり、言語活動を取り入れた授業について必ずしも大きな成果が上がっているとは考えにくい実態がある。そもそも言語活動の充実は、学校教育法第三十条第二項に定められた学力の3要素のうち、特に「思考力・判断力・表現力等」を確実に身に付けるために、学習指導要領に取り入れられたものである。学習者である生徒の主体的な言語活動を通して、絶対解のない複雑な社会の変化に対応できる、思考・判断・表現にかかわる言語能力を確実に身に付けさせる必要がある。

　こうした言語活動の充実の重要性を認める一方、審議まとめでは、「どのように学ぶか」について、授業改善の視点としての「主体的・対話的で深い学び（アクティブ・ラーニング）」を提言しており、次期学習指導要領においては、「主体的な学び」「対話的な学び」「深い学び」の三つの視点の共有が必要であるとしている。

　これらの視点は、学校における質の高い学びを実現し、子供たちが学習内容を深く理解し、資質・能力を身に付け、生涯にわたって能動的（アクティブ）に学び続けるようにするためのものであり、一定の指導方法を型として身に付けさせることを意味するものではないことに留意したい。本来、指導方法は、身に付けさせる言語能力（目標）と整合してはじめて効果を発揮するものだが、目標意識が希薄な教師は、特効薬を求めるあまり、効果の上がる方法だけに目を奪われてしまう傾向にある。その結果、いつどのような場

面でも同じ指導方法が用いられることになるが、それは目標との整合を軽視した行為であり、結果的には子供を置き去りにすることになりかねない。目標や生徒の実態を踏まえた教師の創意工夫こそが重要なのである。

　ところで、一方的な講義調の授業スタイルから抜け出せない教師は、生徒の意識を想像し、生徒の立場に立って授業を行うことが不得意なのではないかと思われる。教師が解説によって自らの「正解」を探らせる授業に慣れてしまうと、生徒たちが将来につながる自らの問題として思考する場面は相対的に少なくなるため、生徒の内面でどのように主体性が発揮され、どのような思考が働いているかについて、教師が思いを至らせることは難しくなってしまう。そうした意味でも、「主体的な学び」「対話的な学び」「深い学び」の三つの視点から授業を見直し、国語科において生徒が能動的に学べる授業づくりが行えているかについて省察する必要があるだろう。

　なお、「主体的な学び」においては、先に述べたように、授業の始めに目標が提示されることの少ない高校国語では、「見通し」と「振り返り」の学習場面を設けることが非常に重要である。また、「対話的な学び」は、生徒同士の対話はもちろん、教師や地域の人、さらに書物を通して作者と対話することまでも含み持つものであり、様々な授業の工夫が考えられよう。

　さらに、「深い学び」については、先に述べた「言葉による見方・考え方」を働かせることにより実現できることに留意すべきである。国語科の授業は「対象と言葉、言葉と言葉の関係を、言葉の意味、働き、使い方等に着目して捉え、その関係性を問い直して意味付ける」営みとして行われる必要がある。高校国語では、時折、教師の考える文学作品の主題にたどり着かせることをゴールとした授業や、評論の入試に「頻出」される現代思想の枠組みを単に理解させることをめざす授業が見受けられる。内容ありきではなく、あくまでも「言葉の意味、働き、使い方等」に着目することが必須なのである。国語科が、道徳や社会科の授業とは異なる、言葉の教科として存立するためにも、教師にはこの点についての自覚が欠かせない。

(4) 古典嫌いを生む授業から言語文化の担い手を育てる授業への転換

　高校国語は、義務教育に比して古典を本格的に取り扱うなど、古典指導を重視してきた。しかし、平成17年度教育課程実施状況調査（高等学校国語）

におけるいわゆる「古典嫌い」の割合の高さが注目されて以降、特にその指導のあり方の変革が求められている。

　現行学習指導要領では、小・中・高一貫して［伝統的な言語文化と国語の特質に関する事項］が新設され、高校国語では教材として、古典の原文だけでなく、古典に関連する近代以降の文章を含むこととされた。さらに、生涯にわたって古典に親しむ態度を育てることをめざす選択科目「古典Ａ」も新設されている。しかし、学校での「古典Ａ」の設置状況は低調な状況が続いており、入試対策のため、文語のきまりや訓読のきまり、古語の意味の習得を過度に重視する状況も大きく変わっていないように思われる。

　国語の教師の多くは、古典の世界に魅了され、その魅力を生徒たちにも味わってほしいと考えているのではないだろうか。それなのに、なぜ文語文法の指導や現代語訳をゴールとした指導が中心となるのだろうか。古典の指導が訓詁注釈に偏り、ここでも、教師の有する「正解」にたどり着かせようとする講義調の授業から脱することができていないことが大きな課題である。

　古典は我が国の伝統と文化に深く結び付き、文化の継承と発展に欠くことができないものである。将来、社会で活躍する高校生には、我が国の言語文化の担い手としての自覚を養う必要がある。こうしたことを、一人一人の教師が日々の授業でたえず念頭に置き、古典の指導の改善を図らなければならない。

　なお、対象は単なる古典指導の問題だけではない。次期学習指導要領における必履修科目「言語文化（仮称）」では、上代（万葉集の歌が詠まれた時代）から近現代につながる我が国の言語文化への理解を深めることをめざしており、近現代に至るまでの言語文化を理解し親しませる指導への転換が求められるのである。「古典嫌い」の生徒は、高校卒業後に古典に意を向けることは難しい。古典の原文が読めるようになることを闇雲にめざすのではなく、我が国に生きる者のアイデンティティとしての古典を尊重する授業づくりへの転換が強く求められる。

(5) 入試をゴールとする授業から社会に生きる資質・能力を育成、評価する授業への転換

　高大接続改革は次第にその具体的な方向性を明確にしようとしている。平成28年8月末に文部科学省から発表された「高大接続改革の進捗状況につ

いて」によると、注目度の高い「大学入学希望者学力評価テスト（仮称）」（▶p.218）について、検討・準備グループ等が設置され、記述式・英語の実施方法・時期等について検討されているという。国語については、記述式の導入に向けて、「文章の解釈」だけでなく「文章による表現」を重視するとして、記述式と「思考のプロセス」との関係や評価すべき能力などの素案が示されている。

　注目しておきたいのは、「思考のプロセス」として示されたのは、次期学習指導要領国語で育成すべき資質・能力、及び学習過程のイメージと一致しているという点である。文字通り、高大接続改革が高校と大学の接続の改革として進めようという方向性が踏まえられていることがうかがえる。これまで、高校教育が学習指導要領と大学入試のダブルスタンダードと言われてきた点が解消され、学習指導要領に基づいて育成された資質・能力を入試で評価するというスタンスが読み取れるものとなっている。育成される資質・能力は、高校から大学へ、さらに大学から社会へと一貫して高められなければならない。

　したがって、高校国語としても、単に入試だけをゴールとする授業づくりから脱却し、社会に生きる資質・能力を見据えた授業づくりへの転換が求められる。その拠り所は当然、学習指導要領にある。

4　変革期の国語科教師に求められる姿勢

　これまで述べてきたような大きな変革をどのような姿勢で受けとめるか。ここにこそ、予測できない社会に対して高校生にどう立ち向かわせるかという教師のスタンスそのものが試される。教師の有する知識や経験は限られている。単なる前例踏襲ではなく、新しい時代の高校国語のあり方を身をもって模索していく姿勢こそが生徒に響き、言語の教育の専門職としての国語科教師の力量の見せどころとなるであろう。

　待ちの姿勢ではなく、学習指導要領など基づくべき情報の動きに敏感なアンテナを張り、現在目の前にいる生徒が社会に出て困らないような言語能力の育成に、即座に取り組む真摯な教師でありたい。教師自らによる「主体的・対話的で深い学び」の実践が今こそ求められているのである。

理論編②

「資質・能力の育成」をめざす高校国語科の学習指導

キーワード 読解指導／アクティブ・ラーニング／カリキュラム・マネジメント／方法知／見方・考え方

早稲田大学教授 幸田国広

1 アクティブ・ラーニングをめぐる問題状況
　　―型・流行・商品化―

　次期学習指導要領の改訂には新しい学習指導としてアクティブ・ラーニング（▶p.216）が位置付けられ、21世紀を生きるための「資質・能力の育成」（▶p.216）がめざされることになる。本章では、そのためにどのような点に留意すべきかに焦点をあてて、これからの高校国語科が向かうべき学習指導のあり方を素描してみたい。

　大学教育の改革を謳った、平成24年のいわゆる「質的転換答申」以降、アクティブ・ラーニングを冠した書籍の出版は右肩上がりの増加を見せ、教育界ではPISA以来の一大ブームが巻き起こっている。アクティブ・ラーニングとは「課題の発見と解決に向けた主体的・協働的な学習・指導方法」（「高大接続答申」）のことであり、講義一辺倒、理解と暗記中心の授業から大きく転換していこうとする教育現場の意欲と関心の現れと見れば、こうした状況は素直に肯定的に受け止めるべきなのかもしれない。

　しかし、現状の教育実践を見る限り、疑念や危惧を抱かざるをえない事態もまた広がっており、このままではアクティブ・ラーニング導入の本来の趣旨が誤ったまま受け止められ、評価が下されてしまいかねない懸念がある。おびただしい数の関連書籍の中には、この流行に乗じてあえてアクティブ・ラーニングの名を冠した既存の実践の「置き換え」に過ぎないものや、「手軽さ」や「即効性」を前面に打ち出したタイトルの入門書も散見される。いわばアクティブ・ラーニングの「商品化」が進行している。中でもペア・ワークやジグソー法、ワールドカフェといった学習活動の方法や型そのものの認

知は急速な広がりを見せ、その結果、「どのように（How）」についての関心だけが先行し、「なぜ（Why）」が欠落した教育実践が横行しているようにも見受けられる。アクティブ・ラーニング導入の本来の趣旨は、「何を理解しているか、何ができるか」「理解していること・できることをどう使うか」「どのように社会・世界と関わり、よりよい人生を送るか」という三つの柱に整えられた「資質・能力」を育むためであり、その位置付けは、「子供たちの『主体的・対話的で深い学び』を実現するために共有すべき授業改善の視点」（中央教育審議会教育課程部会「審議まとめ」）なのである。つまり、暗記による表面的な知識の理解にとどまらず、活用力や転移可能性に基づく「深い学び」をいかに確保するかという点こそが、アクティブ・ラーニングが強調される理由といっていいだろう。しかし、最近行われている高校国語科の実践の現状を俯瞰してみると、具体的には次のような問題点が見受けられる。

　第一に、「手段」としてのアクティブ・ラーニングが、ジグソー法やペア・ワークといった学習スキル自体を自己目的化しており、何のためのアクティブ・ラーニングなのかが分かりにくいものが見られる。

　第二に、指導目標が従来のまま教材内容の理解に置かれ、読解のプロセスに「アクティブ・ラーニング」と称する学習形態を組み込んだ実践が目に付く。「教材を教える」という発想から抜け出せないため、効果は限定的か、逆に疑わしいものも見られる。

　第三に、一部に特定の授業スタイルや方法論が盲信され、不断の授業改善という自己更新の側面が埋没しているケースも見られる。

　すでに平成27年8月の「論点整理」においても、こうした危惧については触れられており、「特定の学習指導の『型』や指導方法に拘泥することではない」と注意が喚起されている。松下（2016）も「形式だけのアクティブ・ラーニングが蔓延している」と現状の問題点を端的に指摘し、「学習活動の外的側面」に関心が向きやすく「教師の意図とは裏腹に、授業が学習への参加を引き起こすものになっていない」との認識を示している。

　そもそも、講義型の授業が全否定されているわけではない。「一斉授業」や「先生の説明」だけでなく、「ペアで意見交換する」「ホワイトボードを使っ

て話し合う」「ポスターなどを使って発表する」といった様々な「言語活動」を工夫することで学習指導の構造を多様化し、質の高い深い学びを引き出すことこそがアクティブ・ラーニングを強調する眼目であると「論点整理」は謳っている。したがって、アクティブ・ラーニングは平成20・21年改訂における「言語活動の充実」の成果と課題の延長上にある。議論の発端こそ、大学教育にあったが、高等学校に降りてくるに際し、高大接続改革との関連に加え、小学校・中学校における全国学力学習状況調査におけるB問題や、活用型の授業実践等、この十年間の取り組みとその一定の成果に裏打ちされた方針と見ることができるだろう。

2 アクティブ・ラーニングの前に
―高校国語科の課題の深さ―

　アクティブ・ラーニングを取り入れ、授業改善を図ろうとする意欲的な試みが多くなってきているものの、先述のような問題点が目立つのは、高校国語科が抱え込んでいる課題の深さが関係しているのではないだろうか。

　「論点整理」以来、「審議まとめ」に至るまで、高校国語科の学習指導上の課題に関して「教科書教材等への依存度が高く、主体的な言語活動が軽視され、依然として講義調の伝達型授業が行われる傾向」が強いこと、「話し合いや論述など『話すこと・聞くこと』『書くこと』における学習が低調」であること等が指摘されている。このような課題のエビデンスを詳細に示した大滝（2016）や、「教材の読解や解釈という教材ありきの授業が中心となっており」「どのような学力の育成を行うのか、ということが明確になっていなかった」という髙木（2016）等、高校国語科への現状認識には共通性がある。

　そもそもこうした高校国語科における学習指導上の課題の指摘は戦後一貫して継続しており、教材文を読んでその読解過程を辿りながら教師と生徒が解釈を共有していく学習指導のあり方は、あまりにも強固な地層を形成してしまっている。教科書教材中心の学習指導は、教材文に何らかの価値が先験的に内在し、その内容を理解することが国語の学習指導であるという固定観念に支えられ、戦後、その都度試みられてきた新しい提起をことごとく跳ね

返す〈潜勢力〉として、今日まで高校国語教育史に底流しているのである（幸田、2011）。無論、大学で古典文学や近代文学を学び、一定の専門性を携えて教壇に立つ高校国語科教員にとって、教材文を読むこと自体に意義を求めるのは当然かもしれない。また、それ以上に、大学入試という現実的な壁を突破させるという使命感から、読解中心の国語科カリキュラムにならざるをえないことも事実であろう。だが、21世紀の予測不可能性はこれまでの常識や通念が通用しないほど大きく、社会適応型の教育では対応できないことも多くの指摘によって明らかである。高大接続答申に示された大学入試改革が、予想される様々な課題をクリアしながら大きく姿を変えていくとなれば、高校国語科の強固な地層にも亀裂を入れ、新しい地平を切り開くことが可能になるかもしれない。

　では、今後、授業改善の方向性を質的に転換していく上で、高校国語科の課題の根本をどのように捉え直し自己点検を行えばよいのだろうか。課題の深さそのものに目を向けてみたい。

　場面の展開に沿って登場人物の心情を捉え主題や意図を考えたり、意味段落相互の関係を捉えて構成の特徴を掴み筆者の主張を明らかにしたりといった読解指導は、高度経済成長期に高校・大学の進学率が急上昇するのと比例するように一般化してきた学習指導のスタイルである。(注1)この時期はまた、大学入試もそれまでの知識の量を問うものから長文の読解へと問題形式そのものが変わり、高校国語科の授業形式と同調しながら今日に至っている。すでに半世紀の積み重ねがあり、高校国語科教員の授業イメージの再生産を促すものとなっている。

　読解指導にももちろん利点はあるが、そればかりが繰り返されるだけで高校国語が完結してしまうことには大きな問題がある。また、読解指導においても発問や学習課題の設定があり、学習者の応答を伴う際に思考や表現が介在する。その意味で発問の工夫は重要である。しかし、教材文を読んでその内容を教えるという発想から抜け出せない限り、それは結局「ある解釈」を教える＝教材内容を理解する学習にとどまり、学習者の思考や想像は相当に限定的か、教師の想定する「正解」に収まるべく予定調和とならざるをえない。いくら発問を駆使して学習者に考えさせようとしても、その「問い」の

質が教師の用意した解釈の枠内に収まるものであるとすれば、結局それは巧妙に学習者の解釈や思考を「正解」に導いていることにほかならない。その場合、教材文の解釈に関する教師と生徒とのコミュニケーションがそれなりになされていても、それは理科や社会のように、ある知識を伝達する習得型の授業と構造的には大差がないといっていいだろう。

こうした学習指導は、解釈を教師が一元的にコントロールし、学習秩序を維持しようとする意識（無意識）に支えられているため、話し合い等の活動によって学習者集団に解釈の幅や方向を委ねることは難しくなる。その結果、講義中心、発問もあらかじめ答えの明確なものに限定され、単元の配当時間内に指導が完結することを使命とするようになっていく。つまり、学習者が実際に何を「学んだ」かよりも、何を「教えた」かが学習指導遂行のための原理となるのである。

したがって、「読むこと」において発問や学習課題の質自体はきわめて重要であり、その工夫が求められるのは当然だが、具体的にどのような「問い」が学習者の解釈を広げたり深めたりするのか、オープンエンドによって多様性を確保しつつ授業を閉じることが妥当な「問い」とはどのようなものかといった吟味は、「ある解釈」を理解させようとする読解指導の発想と枠組みからだけでは困難な作業だといえる。総じて、「読むこと」の学習指導が、「ある解釈」を理解させるというイメージから脱却できず、それだけが高校国語科の全体となってしまっているところに課題の深さがある。

「国語総合」では、年間15〜25単位時間「話すこと・聞くこと」に、年間30〜40単位時間「書くこと」に充てることが設定されている。しかし、そもそも「国語総合」を現代文と古文・漢文の「総合」科目と誤解している場合や、授業内で何らかの言語活動として話したり書いたりしさえすれば、「話すこと・聞くこと」「書くこと」の領域を指導したと勘違いしているケースが見られる。例えば、読解に伴って話し合いや論述をさせるケースは、高校国語科でも比較的よく見られるようになったが、そのねらいが読解の整理や読み深めることに置かれ、話し合いや論述そのものの能力の向上にない場合は、「読むこと」の領域における手段としての言語活動であり、話し合う能力や書く能力の育成に焦点があてられているとは言い難い。目標と手段と

の区別が曖昧な場合、獲得されるべき知識・技能は一般化しにくく、発見や気付きも得にくいため、学習の転移は起こりにくい。結局、年間指導計画が教材文の順序・配列を観点としたものになっていると、当然のことながら「読むこと」偏重の国語科カリキュラムとなる。カリキュラム・マネジメントの徹底が求められる中、国語科は他教科における言語活動やアクティブ・ラーニングを質的に下支えするような動脈として機能することが求められるが、現状は年間計画が教材文ベースの発想になっていることが多いため、「話すこと・聞くこと」「書くこと」領域が不振となり、教育課程全体に張り巡らされた動脈としての機能を発揮できているとは言い難い。

ここには、国語科で何を教えるかという発想の固定観念の問題がある。鶴田（1999）は国語科で教える内容を〈教材内容〉〈教科内容〉〈教育内容〉の三つの概念に区分した。この概念にしたがって現状を整理すれば、高校国語科の現状は〈教材内容〉に集中し、言語の機能による汎用的能力を含む〈教科内容〉の指導が不十分なまま、「自然環境の大切さ」「平和の尊さ」「命の尊厳」といった、教科を超えた教育的価値＝〈教育内容〉を、教材の読解から直結させて教えている。国語科のカリキュラムを〈教科内容〉のレベルで捉え直すと「読むこと」の目標は読む能力として相対化され、「話すこと・聞くこと」「書くこと」領域との相関性が浮かび上がってくる。

また、「話すこと・聞くこと」「書くこと」領域の基礎的な技能を含む能力の育成は、当然のことながら国語科の中でのみ完結するのではなく、他教科における言語活動（話し合いや論述等）、ひいては充実したアクティブ・ラーニングを可能にするためのものともなる。

さらに、「話すこと・聞くこと」「書くこと」領域の学習指導は、基礎的な「知識・技能」の習得レベルであっても、学習形態は必然的にアクティブ・ラーニングとならざるをえない。マニュアルを熟読・精読するだけでは自転車に乗れるようにならないのと同様に、スピーチができたり、手紙の書き方を身に付けたりするには、学習者自らが主体的に活動を通して身に付けていくほかないからである。例えば、NHK（Eテレ）の『高校講座　国語表現』で行われているのは、こうした学習指導である。(注2) 興味・関心を引く課題の提示、学習者自身による実践、表現力の自覚とコツの発見、指導者や学習

者相互の「評価」を通じた次の学習の見通しの獲得、を基本的な学習指導過程としており、高校国語科が不慣れな「話すこと・聞くこと」「書くこと」領域の学習指導のイメージ形成に多くの示唆を与えてくれる番組となっている。ここで行われていることは、これまでの一般的な高校国語科の教室風景とは大きく異なるだろう。授業の構造自体は、体育や家庭科に近く、跳び箱を跳んだり、魚を三枚に下ろしたりできるようになるには、こうした授業のサイクルが必要となる。だが、小学校・中学校に比して高校国語科はこのような授業に慣れていない。「話すこと・聞くこと」「書くこと」領域の学習指導イメージと、そこで培われた表現技能を用いて発展する活用型・探究型学習のイメージがうまく持てないところにもう一つの課題の根の深さがある。

3　必要な条件は何か

　以上のような高校国語科に色濃く見られる課題の深さをいかに克服し、充実した国語科教育を実践していくか。そのための条件は何だろうか。
　第一に、単元指導計画における目標と手段の明確化である。説明・論述・話し合いといった言語活動は、目標（「思考力・判断力・表現力」の育成）を達成するための手段である。その意味で、アクティブ・ラーニングも同じ位置にある。言語活動が学習指導過程に位置付けられて学習活動となり、その活動を通して能力を身に付ける。したがって、適切で多様な言語活動というのはその通りだが、その点だけに目が奪われてしまうと、手段であるはずの言語活動が自己目的化してしまったり、目標が曖昧になったりする。目標の明確化とともに適切な言語活動を工夫することがまずもって指導計画立案に際して必要な条件となる。
　第二に、「読むこと」領域の「目標」の再検討である。教材文の読み取り・理解だけにとらわれない活用力や転移可能性をねらった構造的な目標観を持つことである。
　教材文の的確な理解に的を絞った習得型学習の場合でも、「深い理解」「確かな習得」につながるためには、学習者の教材解釈に伴う思考を促し、活性化させる「問い」が重要になる。具体的には発問や学習課題の工夫、ということになるが、「型」としてのアクティブ・ラーニングのみが意識されてし

まい、教師の教材への洞察が浅い場合、的確に読み取らせなければならない解釈すらオープンエンドの話し合いで終わったり、多様な解釈を生起させる「問い」が十分に吟味されず、曖昧な「問い」のまま提示され、学習者任せの学習活動になっていたりする。ここでは指導と一体化した評価が不可欠であるとともに、どのような「問い」が学習者の多様な解釈を活性化させ、協働で読解を行う意味があるのか、というレベルでの教材研究の質的な深化が求められる。また、主体的・協働的な学びによる手立てが必要となり、相応の言語活動を工夫することが重要となる。ある解釈に沿った読解（ゴール）に向けた「発問」や「学習課題」の工夫というだけでは思考力の十全な育成は難しく、目標設定の変更とともに学習形態自体を工夫することによる学びの深化が求められる。

しかし、こうした習得型学習における「問い」と言語活動の工夫にも一定の意味はあるが、個々の学習者が解釈したことを元に、協働で思考を深め、想像を広げるような活用を重視した学習こそアクティブ・ラーニングが生かせる。例えば、関連付け、比較、書き換え、といった学習活動によって、複数の教材文の読解内容、思考内容を統合したり、分析したり、拡張したりすることができる。そこでめざされるのは唯一の「正解」ではない。その際、学習者各々の解釈が根拠となり、「認知プロセスの外化」（溝上、2014）が行われることで、具体と抽象、演繹と帰納、拡張と収束、順序付け、構造化といった思考の躍動性と深化が担保される。あらかじめ決まっている「正解」に向かって学習するのではなく、多様な思考と出会い、考えること自体の意義の自覚化に向かって、主体的、協働的な学習が行われるからである。そのための「根拠」として、学習者各々の解釈が確かめられていく。つまり、活用の過程で、逆に習得内容が確認されつつ、さらに創造的な読解の地平が切り開かれていく。そのような学習プロセスを辿ることになる。加えて、習得・活用・探究は、必ずしも、一方向的な順序を辿るわけではない。習得が不十分であれば活用もうまくいかない。両者を往復しつつ展開していくような柔軟性が必要であろう。

第三に、カリキュラム・マネジメント（▶p.217）の視点から「話すこと・聞くこと」「書くこと」領域の実践を充実させ、真に総合的な国語科を成立

させることである。

　すでに述べた通り、読解に付随する話し合いや書く活動だけでは、獲得すべき表現力の一般化は難しく、能力は身に付きにくい。年間指導計画のどこかで話す能力、話し合う能力、書く能力の向上に焦点をあてた単元設定が必要になる。その場合、表現力を身に付ける学習指導のプロセスは、概ね①目標と手順の共有、②活動と練習、③教師及び学習者相互の評価、④再活動、といういわゆるPDCAサイクルに似た展開を辿る。

　「表現についての学習」ではなく、「表現力を身に付ける学習」にするためには、認識に働きかけるだけでなく身体化を伴う経験として学習が組織されなければならない。例えば、物語を創作させたり、スピーチをさせたりする場合、大前提として教師自身が実際にその表現プロセスを経験しなければ、学習者にどのように活動させ、何をめあてに評価すればいいのかも分からない。①の目標と手順の共有のためには、事前の周到な準備が必要であり、③の評価はまさに教師によるその場の臨床的判断が問われる。その場で、その瞬間にどのような「評価」を加えることができるかが、こうした授業の成否を決めるといってもいいだろう。

　「話すこと・聞くこと」「書くこと」領域の実践の蓄積により、学習者の「話す力」「書く力」が向上し、話し方や話し合い方も他教科でのアクティブ・ラーニングに生かせるようになる。すなわち、カリキュラム・マネジメントの観点から、全教科にわたる言語活動の動脈が確保されるのである。

4　価値追究、探究型学習のデザイン
―「見方・考え方」をどう考えるか―

　これからの時代に求められる「資質・能力の育成」には、各教科固有の学習とともに、教科横断的な視点の探究型学習が求められている。したがって、各教科の学習はもとより、教科間のつながり、相互の関連を図る視座が必要となる。

　これまでも、高校国語科で探究型の学習指導が行われてこなかったわけではない。主題単元学習やテーマ学習等と呼ばれた学習指導がある。これらの実践は、例えば、「文化の現在」「友情と真実」「自然環境と人間」といった「主

題」や「テーマ」を元に複数の教材文を読み、学習者がその読みを通して話し合い、考えたことをレポートにまとめるといった展開をとる。こうした実践は、教科書教材がまずあって漫然とその読解指導を行うような風潮に対する批判として試みられてきたものであり、歴史的にも実践の価値は決して過小評価すべきものではない。(注3) また、それらの中でもすぐれた実践には、用語こそ異なってはいても、「資質・能力の育成」に働きかける内実が備えられていた。

　しかし、このような価値追究を看板に掲げる実践の内実が、もしも〈内容・価値〉に偏っている場合には、注意が必要であろう。また、その〈内容・価値〉の内実があらかじめ教師によって措定されたものであるならば、結局手間をかけて決められたゴールに学習者を引っ張っていくだけになりかねない。というのも、国語科で教材文の〈内容・価値〉を指導目標に置く発想は、評論文の読解指導等において「環境」「文化」「生命」「倫理」といった、大学入試問題に頻出するトピックを重視しながら教材選定が行われている現状から見ても高校では広く共有されてしまっているように思われるからである。教材文の読解を通した筆者の「ものの見方・考え方」の理解に目標が設定されると、内容の読み取り、各トピックの知識・理解が教える内容となり、「資質・能力の育成」とは逆行してしまうことになる。

　では、こうした現状は、これからの教育がめざす資質・能力における「見方・考え方」（▶p.217）とどのように異なるのか。「見方・考え方」は、「様々な事象を捉える教科等ならではの視点」「教科等ならではの思考の枠組み」とも言い換えられ、教科固有の「見方・考え方」を資質・能力に位置付けようとして検討されてきた。国語科や英語科は主として内容教科といわれる社会科や理科等、具体的事象を扱う立場とは、性格が異なり、教科固有の事象を通した「見方・考え方」というより、様々な学習プロセスを通した言語能力の育成に主眼があり、自然科学的な認識や社会科学的認識といったような固有の「見方・考え方」を抽出するのはやや無理がある。強いていえば、言語そのものと言語運用に対する自己認識ということになろう。(注4) そうであれば、国語科において探究型学習を仕組む場合には、内容知だけでなく方法知の獲得とともに、習得した知識や技能を駆使して活用する自己自身の言語

運用に関するメタ認知こそが問われなければならないだろう。

　例えば、本書実践編における小川実践（▶ p.184）や宮原実践（▶ p.196）は、日本語の諸相への気付きや理解、古典から現代にいたる言語文化における桜という表象の理解に止まらず、探究過程における資料の探索、比較・考察等、プレゼンや発表の過程で、必要な思考力と表現力が鍛えられている。これらの実践は内容知のみならず、方法知も学習者に適切に与える（自覚させる）ことによって成立しており、国語科の「言葉による見方・考え方」が担保された優れた実践といえよう。

　国語科で探究型学習を志向する場合、〈内容・価値〉のみに目が向くと内容主義に陥り、「資質・能力の育成」と矛盾する事態を引き起こすといえよう。〈教材内容〉が自然科学や社会科学を扱っているからといって、国語科が担うのは理科や社会科における教科固有の「見方・考え方」ではない。ましてや評論文等の筆者の「ものの見方・考え方」を理解することと、「資質・能力の育成」における「見方・考え方」とを混同してはならない。学習者個人の「ものの見方・考え方」も、言語に対する洞察と自覚に支えられたときに豊かなものになる。その意味で、「言葉による見方・考え方」は「深い学び」の成立に大きく関わっている。

　したがって、学習者に提示する学習目標が〈内容・価値〉であっても、指導計画においては資質・能力ベースの目標設定がなければならないし、〈内容・価値〉は学習者の問題発見・解決のための指標として位置付けられることになる。その学習過程を通して、基礎的な知識・技能の活用がなされ、思考の深化と表現活動による外化によって思考力・判断力・表現力が鍛えられる。そして、重要なのは学習過程の振り返りによって学習者自身の言語能力がどのように伸びたのか、どこに課題があるのか、等を明らかにし、自身の言語能力に関する自己認識を深めさせることであり、そこに国語科における探究型学習の重点を置かなければならない。

【注】
注1　私見だが、戦後70余年の範囲で俯瞰すると、「思考力」に焦点をあてた能力の向上がめざされた第一の波は1950年代後半からの高度経済成長期であり、今回の「思考力・判断力・表現力等」の育成は第二の波といえる。どちらも時代状況や社会構造の激変予測を背景としている。

注2　2014年度よりNHK（Eテレ）にて放送中。藤森裕治、石垣（入部）明子、稿者等6名の国語教育研究者、実践者の監修を受けて制作されている。

注3　例えば、高等学校における主題単元学習を代表するものとして、加藤宏文『高等学校　私の国語教室―主題単元学習の構築―』（1988、右文書院）等がある。

注4　教育課程部会国語WG（「国語WGにおける取りまとめ（案）」2016年5月17日資料3）における「国語科は、様々な事象や対象の内容を自然科学や社会科学等の視点から理解することを目的とするのではなく、様々な事象をどのように言葉で捉えて理解し、どのように言葉で表現するか、という言葉を通じた理解や表現、及び、そこで用いられる言葉そのものを学習対象とする特質を有している。」という検討を経て、「審議まとめ」では「言葉による見方・考え方」として、「自分の思いや考えを深めるため、対象と言葉、言葉と言葉の関係を、言葉の意味、働き、使い方等に着目して捉え、その関係性を問い直して意味付けること」と整理された。

【参考文献】

大滝一登（2016）「これまでの課題を踏まえた高校国語の『これから』」『アクティブ・ラーニングを取り入れた授業づくり　高校国語の授業改革』明治書院

幸田国広（2011）『高等学校国語科の教科構造　戦後半世紀の展開』渓水社

髙木展郎（2016）「教育課程上におけるアクティブ・ラーニングの位置」『アクティブ・ラーニングを取り入れた授業づくり　高校国語の授業改革』明治書院

鶴田清司（1999）『文学教材の読解主義を超える』明治図書

松下佳代（2016）「ディープ・アクティブラーニングと国語授業」『教育科学国語教育』№797、明治図書

溝上慎一（2014）『アクティブラーニングと教授学習パラダイムの転換』東信堂

理論編③

新しい教育評価

キーワード　資質・能力の育成／目標に準拠した評価／観点別学習状況の評価／カリキュラム・マネジメント

横浜国立大学名誉教授　髙木展郎

1　国語科で育成する学力の現状と評価の課題

　大人になり、高等学校時代国語科の授業を通して「どのような学力が身に付きましたか？」と聞かれたとき、どのように答えるだろうか。

　高等学校時代に国語科の授業で読んだ作品名、例えば、「羅生門」「こころ」や「水の東西」であったり古典の作品名を挙げることが多くはないだろうか。それでは、高等学校の国語科の授業を通して、どのような学力が身に付いたか、という答えにはなっていない。

　なぜ、そのような回答になるかというと、高等学校国語の授業では、育成すべき学力を明確にした授業が行われていないからである。そこでは、教材の内容を解釈したり、読解したりすることが多く行われている。

　高等学校においては、平成15年度から、目標に準拠した評価が導入されている。目標に準拠した評価は、学習指導要領の内容と指導事項を生徒に「身に付けさせたい学力」とし、授業での指導を通して、その育成を図ることを目標としている。すなわち、授業において指導目標を明確にし、その目標の実現を図るための授業を通して、生徒に学力を身に付けさせることを行おうとしている。それゆえ、その実現を図るために「指導と評価の一体化」ということが強く求められている。

　顧みて、今日の高等学校において、上記の「指導と評価の一体化」が図られているだろうか。さらに、授業を通して育成する学力を、これまでどのように評価してきているのだろうか。

　目標に準拠した評価は、基本的には授業を通して指導をした生徒全てに、観点別学習状況の評価として各観点ごとに「Bを実現」しなくてはならない。Cと評価した生徒に対しては「Bを実現」するようさらなる指導が求められ

ている。言い換えれば、Cと評価した生徒がいる場合は、その授業での指導者の指導が足りなかったということになる。この目標に準拠した評価における観点別学習状況の評価を行うのは、全ての生徒に各観点ごとに、ある一定以上（Bを実現すること）の学力の育成を図ることを指導の目標としているからである。このことは、生徒一人一人に授業を通して国語の学力を育成することを求めているからでもある。

　しかし、これまで高等学校では、授業を通して育成した学力を、ペーパーテストによる得点のみによって評価することが多く行われてきた。ペーパーテストによる学習評価は、日本の学校教育においては、明治の学制以降行われてきたものである。それゆえ、評価を行うこと＝ペーパーテストというパラダイムの転換ができずに今日まで来てしまっている。その傾向が今日まで根強く残っているのが、高等学校における評価観である。

　ペーパーテストは、学習した内容を記憶し、再生することに関しては、優れた評価方法である。しかし、今日求められている学力は、知識の再生と習得量のみではなくなっているのである。

　今日求められる学力は、平成19年6月に改正された学校教育法第30条第二項（高等学校においては第62条で準用）により、「基礎的な知識及び技能」の習得、これらを活用して課題を解決するために必要な「思考力、判断力、表現力」等の育成、「主体的に学習に取り組む態度」を養うこととして定位された。

　そこで示されている学力の内容は、それまで評価として行われてきたペーパーテストのみでは計ることのできないものを含んでいる。したがって、これまでと同じ授業や評価方法では、学力を評価することができない状況が生まれている。

　観点別学習状況の評価は、集団の中での位置付けとしての評価ではなく、生徒一人一人が授業を通して、いかに学力を身に付けたか、ということを支援する評価である。

　評価という言葉は、日本語では「評価」という言葉のみしかない。

　英語では、evaluationとassessmentがある。evaluationは、「値踏みをする」という意味で、それは評価の考え方からいえば、評価によって序列

を付けることである。一方、assessment は、「支援する・支える」という意味で、評価によって一人一人の生徒の良い点を見つけ、それを伸ばすために行うことである。

　これまで日本の学校教育における評価は、どちらかというと evaluation の意味での評価が行われてきた。この序列を付ける意味での評価は、戦後昭和 23 年の学籍簿（指導要録）によって、相対評価（集団に準拠した評価）として導入され、昭和 30 年代から 50 年代初期にかけての高度経済成長期における偏差値を用いた進路指導が行われた時代に、用いられていたものである。そこでは、入試の公平性という観点からペーパーテストによる集団の中での順位が重要であるため、一点刻みの序列を付けるための評価が行われていた。

　集団の中での序列が評価として重要視されるため、この相対評価では、平均点を出すことが求められてきた。この evaluation としての評価は、今日から見ると、集団の中での序列を付けることにより、選抜や選別のための評価ということがいえるが、入試に関しての公平性を担保するには、優れた評価でもあった。

　しかし、時代は変わった。評価は、一人一人の生徒をより良くし、資質・能力（▶ p.216）を引き出し育成する、という考え方には、assessment による評価の方が優れている。一人一人の生徒の学力を育成するために、一人一人の生徒を見取り、見極め、その良いところを評価によってより伸ばそうとすることが、評価に求められる時代になったのである。

　目標に準拠した評価は、そのために学習指導要領の内容と指導事項を観点に分け、それぞれの観点の内容に沿った指導を行うことを通して、一人一人の生徒に合った指導を行うための目標として評価項目も観点に分け、それぞれの観点から、一人一人の生徒の良さを伸ばすための評価を行うことが求められる。

　そこで、国語科の授業を通して、一人一人の生徒に、これからの時代が求める国語に関する資質・能力をいかに育成するか、国語科の授業における指導と評価の関係が、これまで以上に問われている。

2　次期学習指導要領における資質・能力の育成

　現行の高等学校の国語科の授業においては、「話すこと・聞くこと」「書くこと」「読むこと」「伝統的な言語文化と国語の特質に関する事項」の3領域1事項に分けて指導が行われている。その中では、「読むこと」に関しての指導が多く行われている。

　この「読むこと」の学習を通して育成された学力を評価するために、これまでは、中間試験や期末試験におけるペーパーテストが多く行われてきた。そこでは日々の授業における学習活動を通し、授業中に学習したことと同じ文章を用いて、授業で身に付けた学力の評価が行われる場合も多くある。

　このようなペーパーテストで見取ることのできる学力の内容は、どちらかというと授業中に主に教師から示された知識の再生と習得の内容であり、それは、授業を通して育成された資質・能力としての国語の学力の評価を行うことにはなっていない。

　高等学校の国語科の授業を通して、どのような学力を育成しなければならないのかは、学習指導要領が示している。しかし、多くの高等学校の国語科の授業では、教科書教材に掲載されている文章を読むことが、学習指導の主となってはいないだろうか。そのような授業では、教材としての文章の解釈と読解に偏った授業が行われてはいないだろうか。

　高等学校教育では、授業を通して一人一人の生徒に学力の育成を図らなくてはならない。その学力の内容は、教材にあるのではなく、学習指導要領に示された内容と指導事項にある。

　高等学校で育成すべき学力の指針として示されている平成21年の学習指導要領には、国語科で育成すべき学力の目標として次の内容が示されている。

　　国語を適切に表現し的確に理解する能力を育成し、伝え合う力を高めるとともに、思考力や想像力を伸ばし、心情を豊かにし、言語感覚を磨き、言語文化に対する関心を深め、国語を尊重してその向上を図る態度を育てる。

　次期学習指導要領では、時代状況の変化に対応し、これまで学力として学

校教育で育成をめざしてきた力から、「社会に開かれた教育課程」の名のもと「よりよい学校教育を通じてよりよい社会を創るという目標を共有し、社会と連携・協働しながら、未来の創り手となるために必要な資質・能力を育む」とされる、資質・能力の育成へと、学校教育で育成しようとしている視角（perspective）を大きく変えようとしていることに注目したい。

学校教育において、これまで行われてきた「学力」の育成から、資質・能力の育成への転換については、高等学校国語科においても、目標の構成や内容の転換が行われていることが重要となる。

次期学習指導要領では、高等学校国語科の目標については、以下のような案が示されている（中央教育審議会国語ワーキンググループの資料による）。

◎言葉による見方・考え方を働かせ、国語で的確に理解し効果的に表現することを通して、国語に関する資質・能力を次のとおり育成することを目指す。
①生涯にわたる社会生活や専門的な学習に必要な国語の特質について理解し適切に使うことができるようにする。
②創造的・論理的思考や感性・情緒を働かせて思考力や想像力を豊かにし、多様な他者や社会との関わりの中で、言葉で自分の思いや考えを深めることができるようにする。
③言葉を通じて伝え合う意義を認識するとともに、言語文化の担い手としての自覚を持ち、言語感覚を磨き、生涯にわたり国語を尊重してその能力の向上を図る態度を養う。

上記では、まず◎で示された高等学校国語科の全体目標があり、それに続いて①で「知識・技能」の目標が示され、②で「思考・判断・表現」の目標が示され、③で「主体的に学習に取り組む態度」の目標が示されている。

今回の学習指導要領改訂では、これからの時代が求める資質・能力をいかに育成するか、が問われている。高等学校国語科においても、どのような資質・能力を育成するのか、その内容を明確にし、育成を図らなくてはならない。

そのためには、高等学校国語科の授業において、指導目標を明確に位置付けさせ、その指導目標として示した資質・能力についていかに生徒一人一人に身に付けさせることができるか、を考えなくてはならない。

　教育課程の編成の中で育成すべき資質・能力を、いつ、どのように授業の中で、一人一人の生徒に身に付けさせられるのかという、意図的・計画的で組織的な取り組みが求められる。だからこそ、各学校においては、学校全体で行うカリキュラム・マネジメント（▶ p.217）が重要となる。

3　教育課程の編成におけるカリキュラム・マネジメントの重要性

　高等学校国語科の授業において、いつ、どのように学習指導要領に示されている資質・能力を育成するかが、次期学習指導要領では問われている。

　高等学校は、入学するにあたって各学校毎に選抜試験が行われている。そのことは、各高等学校においては、それぞれの学校が求める生徒を選抜によって入学させることになる。言い換えれば、入学試験があることによって、高等学校側も生徒に選ばれていることになる。生徒に選ばれるときに、各高等学校での教育内容が問われている。

　各学校において、それぞれに異なる教育内容が示されているものが教育課程であり、それぞれの学校の設立の趣旨や学校の教育目標に合わせて編成されるべきものでもある。

　また、これまで日本の高等学校教育では、その授業において教科書が主たる教材になってきた。明治以降の国定教科書的な性格が、学校教育の中に今日でも色濃く残り、教科書の内容に沿って授業が行われてきた。カリキュラムを授業を受ける生徒の立場から作成するのではなく、まず、教科書ありきのものでもあった。

　高等学校の学習指導要領は、昭和 22 年に試案として出され昭和 35 年に告示されて以降、6 回の改訂を行っている。学習指導要領の改訂では、それぞれの時代が学校教育に求める学力観の変遷によって、その内容は、時代と共に変わってきている。このことは重要で、不変とされる学力もあるが、時代によって学力の内容が変わることも意識しなければならない。

例えば、日本に学制が導入された明治期には、産業革命以降の西欧先進諸国の学問を移入することが学力の育成であった。また、戦後教育においては、団塊の世代における高校や大学の進学率が上がる中で、知識の再生と習得量とを、学力としてきた。しかし今日、第四次産業革命といわれるように、人工知能（AI：Artificial Intelligence）が発達し、様々な職業でAIが人間に取って代わろうとする時代を迎えようとしている。

このような時代において、これから学校教育でどのような学力を育成するか、が問われるようになった。そこで、これからの時代が求める資質・能力を、学校教育において育成しなくてはならない状況となっている。まさに時代の中に学校教育があることを確認できないと、学校教育そのものが時代遅れとなってしまうのである。

このような教育状況の中で、今回の学習指導要領改訂では、高等学校国語科においても、資質・能力の育成を図ることが求められるようになった。

高等学校国語科に求められる資質・能力の内容は、次期学習指導要領の目標として前述したが、その育成のためには、「育成すべき資質・能力」を明確にすることと、その資質・能力を高等学校での3年間を通して育成することが重要となる。

これまで、高等学校の国語科の授業においては、その多くが教科書教材を一つずつ取り上げ、その教材を通して教材に記述されている内容の読解と解釈とを主に行ってきた。そこでは、一つの教材が対象となり、高等学校での一年間や三年間というスパンの中での資質・能力を育成するにあたっての全体像が見えていないことも多くあった。

次期学習指導要領では、一つの教材の授業という短いスパンの中での資質・能力の育成と合わせて、長いスパンの中での資質・能力の育成を図ろうとしている。そこでは、一年間や三年間を見通した意図的・計画的な教育課程がなければ、資質・能力の育成を図ることはできない。だから、次期学習指導要領では、各学校毎において、さらに、各教科毎において、カリキュラム・マネジメントが求められている。

各学校毎に教育課程の編成におけるカリキュラム・マネジメントが求められているのは、各学校毎に、通学してきている生徒に求められる資質・能力

が異なるからである。

　学習指導要領は、小学校と中学校においては、そこに示されている教育課程の内容の全てを授業として扱わなければならない。それは、コンテンツベースの学力として、日本の小中学校の児童生徒に身に付けさせなければならない資質・能力であり、その育成に向けての機会均等を全ての児童生徒に保障しなければならないからである。

　一方、高等学校においては、各学校の独自性が生かされなくてはならない。それゆえ、各高等学校においては、学校独自の教育課程の編成が、学習指導要領に示されている目標と内容とを手掛かりにして、行われなければならない。

　こうした各学校毎に行われる教育課程の編成については、カリキュラム・マネジメントとして、学習指導要領改訂に向けた中央教育審議会教育課程部会「審議のまとめ」で、次のような内容が明らかにされている。

　　ⅰ）「何ができるようになるか」（育成を目指す資質・能力）
　　ⅱ）「何を学ぶか」（教科等を学ぶ意義と、教科等間・学校段階間のつながりを踏まえた教育課程の編成）
　　ⅲ）「どのように学ぶか」（各教科等の指導計画の作成と実施、学習・指導の改善・充実）
　　ⅳ）「子供一人一人の発達をどのように支援するか」（子供の発達を踏まえた指導）
　　ⅴ）「何が身に付いたか」（学習評価の充実）
　　ⅵ）「実施するために何が必要か」（学習指導要領等の理念を実現するために必要な方策）

　このような内容を、学校全体での取り組みを通し、各学校毎のカリキュラム・マネジメントとして行おうとしている。

　カリキュラム・マネジメントは、管理職が学校の教育課程の編成を決める、ということではなく、全ての教職員が学校目標や学校として育成をめざす資質・能力の育成に向けて、各個人が担当としているそれぞれの教科の教育課程の編成もカリキュラム・マネジメントとして、教科全体で行われなければ

ならない。

　特に、高等学校では、各教科を担当する教師それぞれの個人に、教育課程の内容が任されていた面もある。しかし、これからは、各教科においても、学校として共通の教育課程を編成し、カリキュラム・マネジメントとして実行することが求められている。

4　次期学習指導要領での高等学校国語科における評価

(1) 評価の観点

　次期学習指導要領においても、これまでの目標に準拠した評価における観点別学習状況の評価によって評価を行うことは継続される。特に、学習状況を分析的に捉える観点別学習状況の評価は、高等学校において未だ定着しているとはいえない状況もある。

観点（例） ※実際に設定する各教科の観点は、教科の特性に対応して検討	知識・技能	思考・判断・表現	主体的に学習に取り組む態度
各観点の趣旨のイメージ（例） ※実際の記述は、各教科の特性、目標の示し方に合わせて検討	（例） ○○を理解している／○○の知識を身に付けている ○○することができる／○○の技能を身に付けている	（例） 各教科等の特質に応じ育まれる見方や考え方を用いて探究することを通じて、考えたり判断したり表現したりしている	（例） 主体的に知識・技能を身に付けたり、思考・判断・表現をしようとしたりしている

　この観点別学習状況の評価は、次期学習指導要領においては、これまでの「関心・意欲・態度」「思考・判断・表現」「技能」「知識・理解」の四観点から、「育成すべき資質・能力」の三つの柱に基づき「知識・技能」「思考・判断・表現」「主体的に学習に取り組む態度」の三観点に変更される。

　上記の三観点の評価においては、具体的な評価の場面では、現行と同様に、例えば、「知識・技能」の観点から評価を行う事項（「○○することができる」）や「思考・判断・表現」の観点から評価を行う事項（「○○している」）のうち、その単元の最も重視したい事項を、「主体的に学習に取り組む態度」の

観点から評価を行う事項（「○○しようとしている」）として捉えることが求められる。そして、その単元や複数の単元において最重視したい「知識・技能」または「思考・判断・表現」の観点に示されている事項について、「主体的に学習に取り組む態度」の観点でも再度取り上げて評価することが必要である。

　この観点別学習状況の評価については、これまでも同様であったが、毎回の授業で一人一人の生徒の学習状況を全て見取るのではなく、カリキュラム・マネジメントの考え方のもと、単元や題材を通して、単元としての一定のまとまりの中で、学習・指導内容と評価の場面を適切にデザインしていくことが重要である。また、学習プロセスのあり方の中で、評価の場面との関係性も明確にできるよう工夫することが求められる。

　さらに、観点別学習状況の評価や評定にはなじまず、そのような評価では示しきれないことに関しては、一人一人の良い点や可能性、進歩の状況を見取って、個人内評価として行うこともある。

(2) 三観点の内容

　これまで国語科においては、「話すこと・聞くこと」「書くこと」「読むこと」「伝統的な言語文化と国語の特質に関する事項」の3領域1事項によって構成され、観点別学習状況の評価においては、「国語への関心・意欲・態度」「話す能力・聞く能力」「書く能力」「読む能力」「言語に関する知識・理解・技能」と、領域構成を生かしつつ評価を行ってきた。

　今回の学習指導要領改訂では、大枠として育成すべき資質・能力の三つの柱に基づき「知識・技能」「思考・判断・表現」「主体的に学習に取り組む態度」の三観点を、およそ以下のように示している（中央教育審議会教育課程部会「審議のまとめ」）。

　○「知識・技能」には、「言葉の働きや役割に関する理解」、「言葉の特徴やきまりに関する理解と使い分け」、「言葉の使い方に関する理解と使い分け」、「書写に関する知識・技能」、「伝統的な言語文化に関する理解」、「文章の種類に関する理解」、「情報活用に関する知識・技能」などの項目が挙げられる。

　　そのうち、「言葉の働きや役割に関する理解」は、自分が用いる言葉

に対するメタ認知に関わることであり、言語能力を向上させる上で重要な要素である。このことは、これまでの学習指導要領においても扱われてきたが、実際の指導の場面において十分なされてこなかったことが指摘されている。また、「言葉の使い方に関する理解と使い分け」には、これまで「知識・技能」としては明確に位置付けられてこなかった、話したり聞いたり書いたり読んだりする技能を含むものとしている。

○ 「思考力・判断力・表現力等」には、国語で理解したり表現したりするための力として、創造的・論理的思考の側面において「情報を多面的・多角的に精査し構造化する力」が、感性・情緒の側面において「言葉によって感じたり想像したりする力、感情や想像を言葉にする力」が、他者とのコミュニケーションの側面において「言葉を通じて伝え合う力」がそれぞれ挙げられる。また、全ての側面に関係する力として「構成・表現形式を評価する力」、「考えを形成し深める力」が挙げられる。

これからの子供たちには、創造的・論理的思考を高めるために「情報を多面的・多角的に精査し構造化する力」がこれまで以上に必要とされるとともに、自分の感情をコントロールすることにつながる「感情や想像を言葉にする力」や、他者との協働につながる「言葉を通じて伝え合う力」など、三つの側面の力のバランスのよい育成が必要である。

また、より深く、理解したり表現したりするためには、「情報を編集・操作する力」、「新しい情報を、既に持っている知識や経験、感情に統合し構造化する力」、「新しい問いや仮説を立てるなど、既に持っている考えの構造を転換する力」などの「考えを形成し深める力」を育成することが重要である。

○ 「学びに向かう力、人間性等」には、言葉を通して社会や文化を創造しようとする態度、自分のものの見方や考え方を広げ深めようとする態度、集団としての考えを発展・深化させようとする態度、心を豊かにしようとする態度、自己や他者を尊重しようとする態度、我が国の言語文化を享受し、継承・発展させようとする態度、自ら進んで読書をすることで人生を豊かにしようとする態度が挙げられる。

また、「学びに向かう力、人間性等」の評価項目の内容を決める際には、先にも示しているが、単元において最重視したい「知識・技能」または「思考・判断・表現」の観点に示されている事項について、「主体的に学習に取り組む態度」の観点でも再度取り上げて評価することが、以下のようなことからも必要である。

　○「知識・技能」の資質・能力を育成するためには、同時に「思考力・判断力・表現力等」と「学びに向かう力、人間性等」の資質・能力の育成が必要であり、「思考力・判断力・表現力等」と「学びに向かう力、人間性等」の資質・能力が高まることによって「知識・技能」の資質・能力が高まることにもつながる。「思考力・判断力・表現力等」や「学びに向かう力、人間性等」の育成においても、その他の二つの柱との関係は同様である。

(3) 三観点と領域構成との関係と評価

　目標に準拠した評価を観点別学習状況の評価として三つの観点で行うことの内容的な整理は、上記に示したとおりである。この三観点それぞれは、言語能力として育成すべき資質・能力の内容となる。言語能力は、言語活動を通して育成される、ということから言語活動としての3領域1事項を、活動の対象としなければならない。

　そこで、言語活動の領域としての国語科の「話すこと・聞くこと」「書くこと」「読むこと」「伝統的な言語文化と国語の特質に関する事項」の3領域1事項を、観点別学習状況の評価の三観点「知識・技能」「思考・判断・表現」「主体的に学習に取り組む態度」の中でそれぞれに位置付けることとし、その活動を通して育成された資質・能力の内容を評価するようになった。

　なお、目標に準拠した評価における「B」を規準とした評価の変更はない。近年、質的な評価の規準としてルーブリックが取り上げられているが、この目標に準拠した評価も「B」を規準とした三段階のルーブリック評価となっていることを、添えておきたい。

理論編④

「言語文化」の学び方

キーワード 言語文化／言語生活／三つの対象領域／課題探究型学習

信州大学教授 藤森裕治

1 「言語文化」の源流

　「言語文化」は昭和26年の学習指導要領国語科編（試案）に登場した教育用語である。当時、中学校・高等学校試案の編集委員を務めた倉澤栄吉への聞き取り調査（2004年11月実施）によると、この用語を学習指導要領に盛り込むことを提案したのは、当時の編集委員長であった輿水実である。輿水は第二次大戦前に垣内松三が主宰した「言語文化学説研究会」の事務局長を務めた経緯があり、倉澤によれば、そこにおける用語概念と当時の国語教育界を牽引していた西尾実の思想とを敷衍して「言語文化」が生まれた。

　当時、編集委員の一人でもあった垣内松三の言う「言語文化」の概念は、わが国の中世における文化伝統を中心として、近世以前から今日にかけて伝承・継承されてきた諸要素を指す。諸要素とは「日本人的な価値観・倫理観・論理性・感性・情緒」であり、それを表象する文化財として特記されるべきものが古典文学であるとされた。国文学者である垣内の思想的背景には、古典文学の今日的評価という視点が濃厚にうかがわれ、その意味においては「言語文化」は価値ある言語作品を指すことになる。

　これに対し、言語生活の向上をめざす国語教育を提唱していた西尾実は、「言語文化」に関連して次のように指摘している（下線部は引用者）。

　　……いうまでもなく、われわれの伝統文化は、中国やインドの文化の取り入れに媒介されて発達したもので、漢字・漢語・漢文や、その影響を受けて発達した和漢混淆文が読めたり、書けたりする知識層の文化であった。
　　　　　　　　　（『西尾実国語教育全集』第8巻、教育出版、1976、p.325）
　　……われわれの民族は、すでに口ことばが発達し、「歌ふ」とか「宣る」

とか「語る」とかいうような<u>口ことばの文化を発達させていた</u>にもかかわらず、書く文章は、そういう口ことばとは関係の別な、漢語・漢字で書く漢文を発達させてしまった。(前掲書第 7 巻、1975、p.171)
……この溝を埋める方法は、たった一つしかない。それは、伝統文化にも欠けていた、近代文化にも欠けている、<u>国民大衆の生活を耕すことによって育成される、口ことばの文化を創造すること</u>である。質的にいって、知識層や文化人だけの文化でない、国民大衆の文化を築くことである。われわれの民族文化を創造することである。(前掲書第 8 巻、p.326)

如上のように、西尾は「言語文化」の概念枠を「口ことば」すなわち話しことばを主体とした文化にまで広げ、国民大衆の生活に根ざした文化の創造がこの用語のめざす方向であると主張している。

こうした議論をもとに生まれた「言語文化」の対象範囲は、いわゆる言語芸術に留まらず、言語そのもの、言語生活へと広がりを持っていた。文字と音声とによる日本語を媒体として長い年月にわたって受け継がれ、今日なお更新・革新し続ける日本人の精神的営為を指す用語として誕生したのである。以下に、試案の本文を抄出して引用する(下線部は引用者。/は改行)。

○これまでの国語教育、ことに中等学校以上の国語教育は、教室の中で古典を読んだり、名文を読んだりすることをおもな仕事としていた。そうした<u>言語文化</u>の習得をとおして、言語生活を向上させようとねらっていた。(中学校・高等学校：まえがき、p.6)
○国語学習指導の目標は、言語の使用をより正しく、より効果的にすることであるといってよい。そこに文法教育の正しい位置づけが得られ、また文学教育の真の意義も考えられてくる。このような国語の学習とその適切な指導とによって、広く言語の習慣が改善され、わが<u>言語文化が高められる</u>ことが期待される。(同上：国語科の目標、p.12)。
○国語学習指導の目標は、さきにも述べたように、ことばを効果的に使用するための習慣と態度を養い、技能と能力をみがき、知識を深め、理解と鑑賞の力とを増し、国語に対する理想を高めることであって、そこに、

文法指導の正しい位置づけが得られ、またそこから、文学指導の真の意義も考えられてくる。／このような国語の学習と、その正しい指導とによって、国民の言語生活が改善せられ、<u>言語文化が向上していくこと</u>が期待されるのである。(小学校：国語科学習指導の一般目標は何か、p.18)

　中学校・高等学校の学習指導要領における「言語文化」の対象は、一義的には古典や近現代の文学・評論など、日本の歴史や伝統と関わりの深い言語作品である。ただし、それらを享受し理解するだけでなく、「言語文化が高められること」、すなわち「言語文化」の創造にまで言及されていることに注意したい。

　この認識がより鮮明に現れているのは、小学校学習指導要領試案である。この試案では、国民の生活における言語的側面という意味で「言語文化」が捉えられ、誠実で品のある言語生活によって培われる人びとの精神的豊かさという意味合いが「言語文化」に込められている。

2　「言語文化」の現在

　試案に盛り込まれた「言語文化」は、その後、中学校・高等学校の学習指導要領を中心に記述されて現在に至っている。以下、これまでの記述内容を抄出する（下線は引用者）。

- ○<u>言語文化を享受し創造するための基礎的な能力を伸ばし態度を養う。</u>(昭和45年高等学校学習指導要領)
- ○「言語文化」とは、<u>言葉による創造的な活動とその成果を指すもので、古典に始まって現代に及ぶ各時代のものや、特に現代にあっては文学、評論、論説を始め、講演などを含めて考えることができる。これらの言語文化に対して広くかつ深い関心をもつことが、高等学校における目標</u>とされるのである。(平成元年高等学校学習指導要領解説)
- ○国語を適切に表現し的確に理解する能力を育成し，伝え合う力を高めるとともに，思考力を伸ばし心情を豊かにし，<u>言語感覚</u>を磨き，<u>言語文化に対する関心を深め</u>,国語を尊重してその向上を図る態度を育てる。(平

成 10 年高等学校学習指導要領）
○高等学校においては、加えて、社会人として必要な言語能力の基礎を確実に育成するとともに、言語文化を享受し自ら創造していく能力や態度を育成することを重視する必要がある。（言語力育成協力者会議報告書、2007 年 8 月 16 日）

昭和 45 年段階で「享受と創造」の両面から捉えられていた「言語文化」は、その後「関心を深める」対象として言い換えられ、内容的には価値ある言語作品や言語表現に特化されている。しかし、2007 年（平成 19）に示された言語力育成協力者会議では、再び「享受し自ら創造していく」対象として措定し直されている。

平成 20-21 年度告示の学習指導要領では、全校種にわたって「伝統的な言語文化」に関する指導事項が設置され、この前提である「言語文化」については以下のように説明されている（下線引用者）。

「言語文化」とは，我が国の歴史の中で創造され，継承されてきた文化的に高い価値をもつ言語そのもの，つまり文化としての言語，また，それらを実際の生活で使用することで形成されてきた文化的な言語生活，さらには，古代から現代までの各時代にわたって，表現，受容されてきた多様な言語芸術や芸能などを幅広く指している。従前，言語文化については高等学校の目標のみで示していた。今回の改訂では，小学校及び中学校において〔伝統的な言語文化と国語の特質に関する事項〕を設け，「伝統的な言語文化」についての理解を深めるようにしている。
（平成 21 年小学校学習指導要領解説国語編、pp.28-29）

この説明は昭和 26 年の試案で誕生した「言語文化」概念と完全に同義である。ここで繰り返し強調しておきたいのは、かかる用語が指す対象は古典や近現代の言語作品だけではないということである。

平成 28 年、中央教育審議会教育課程部会の国語ワーキンググループでは、高等学校国語科の新しい必履修科目として「現代の国語」と「言語文化」（い

ずれも仮称）を設置することが話し合われた。「現代の国語」は、「みること」を含む実用性の視点から実社会で生きてはたらく言語運用能力を育てる科目であり、「言語文化」は、古典を含む文化理解の視点から我が国の伝統や観念に対する教養を育む科目である。この科目では次の２点が強調されている。
　○古典及び古典以外の文章に関わる言語文化を理解し、社会や自分との関わりの中で生かす学習を重視すること。
　○「読むこと」および「伝統的な言語文化と国語の特質に関する事項」の指導に重点を置くこと。
　教養としての「言語文化」は、価値の高い言語作品を享受し理解することなくして豊かな創造へとつなげることは不可能であり、その意味で新しい必履修科目が「読むこと」を重視している点は当然といえよう。ただし、これまで見てきたように真正の「言語文化」概念は言語作品だけを指すのではなく、言語そのものや言語生活をも視野に含む。同特別部会でも、「社会や自分との関わりの中で生かす学習を重視すること」が強調されている。[注1]

3　「言語文化」の対象領域をなす三つの柱

　「言語文化」の対象領域として示された三つの柱は「文化としての言語」、「文化的な言語生活」、「多様な言語芸術や芸能」である。学習者は、これら三つの柱を構成する文化事象に出会い、享受し、理解し、自らその担い手となる態度を形成することが望まれる。本節では、三つの柱の具体的な素材内容を示し、「言語文化」を学ぶ契機となるべき要素を俯瞰してみたい。

(1) 文化としての言語
　①音韻：一語一音節をなす日本語は、その音韻数がきわめて少ない言語として知られる。音韻数の少なさは同音異義語を多数生むことになるわけだが、それが背景となった文化事象は数多い。例えば忌み言葉としての「四＝死」「九＝苦」は現在でも至る所で観察されるし、民間伝承の世界では「四十雀の声を聞くとお金を失う」（シジュウカラ＝始終空）とか、「夢に犬や猿が出てくるのは縁起がよくない」（イヌ＝居ぬ、サル＝去る）と言った俗信が無数にある。
　②文字：日本語には、表意文字としての漢字、表音文字としてのかな・カ

タカナ・ローマ字と4種類の文字があり、それぞれ独自の使用規則や語感を持って使われる。漢字、かな、カナの使い分けは語種と深く関連しており、和語は基本的にかなもしくは漢字かな交じりで、漢語は漢字で、外来語は基本的にカタカナで表記する習慣がある。それによって、例えば同じ意味を表す語であっても「みせびらき」と表示するか「開店」とするか「オープン・OPEN」と書くかで意味差が生じる。

③語彙：故事成語やことわざを初めとして、「言語文化」の多くは語彙体系の中に存在する。例えば我が国には「露」を「はかなさ」に見立てる伝統があり、一茶が夭逝した愛娘を詠んだ「露の世は露の世ながらさりながら」の名句など、数多くの作品に見ることができる。自然美の典型である「雪月花」は中国文化からの移入であるが、これを日本的な美意識に高めて多様な言語表現を生み出した点なども「言語文化」を理解する上で重要な要素であろう。さらには方言、位相語（女性語、幼児語など）なども文化としての語彙知識の充実には欠かせない素材となる。

④文法：膠着語と呼ばれる日本語は、語形変化をする単語を数多く持つ英語や逆にそれがない中国語とは大きく異なる文法体系を持っている。述語が文の末尾に来ること、動詞・形容詞・形容動詞が助詞・助動詞との接続関係で語形変化することなど、日本語の文法体系それ自体が文化的背景を持つものであるが、待遇表現やオノマトペの多様性、他者規準の表現形式(注2)なども「言語文化」の学びにとっては注目されよう。

⑤レトリック：我が国で長い伝統を持つ文学的レトリックとして、詩歌における「見立て・取り合わせ」がある。「見立て」とは、ある事柄や事物の描写を通して、他の事柄や事物、思想・感情などを比喩的に表すことである（例えば「苗代や二王のやうな足の跡」志太野坡）。取り合わせとは、複数の素材を組み合わせてより豊かで趣のある表現効果を得ることをいう（例えば「鳥わたるこきこきこきと缶切れば」秋元不死男）。日本における伝統的な議論のレトリックとしては、宮本常一が紹介した「寄り合い」という方法がある（宮本、1984、『忘れられた日本人』岩波文庫）。徹底的に問題に関わる事実関係を出し合い、出し尽くした上で合意形成を図るという方法である。

(2) **文化的な言語生活**

　日々の言語生活における文化的要素を取り上げる場合、一つの示唆を与えてくれるのは昭和26年中学校・高等学校学習指導要領国語科編（試案）の目標として示された次の諸項目である。当時の項目を見ると、羅列的で、一部現代に合わない記述や包括的に過ぎる記述も見られるが、文化的な言語生活としての評価対象を把握する上で具体的な手がかりを提供している。

【中学校】
- 4　会議に参加して、責任が果せる。
- 6　会話を興味深くじょうずに進めることができる。
- 7　劇や映画のよしあしがわかる。
- 9　必要な新聞や雑誌が読める。
- 15　目録や索引の使い方がわかり、図書館を利用することができる。
- 17　実用的な手紙や社交的な手紙が書ける。
- 19　文集や学校新聞などが作れる。
- 20　履歴書や届書などが書ける。
- 23　余暇を利用して、聞いたり、話したり、読んだり、書いたりすることを楽しむ。

【高等学校】
- 4　劇や映画やラジオの鑑賞や批評ができる。
- 8　現代文学の鑑賞や批評ができる。
- 9　翻訳された世界文学を楽しむ。
- 10　新聞や雑誌を理解して読むことができ、事実と宣伝とを区別することができる。
- 11　いろいろの読書技術、たとえば、深く読む、ざっと読む、情報を得る、だいたいを知る、楽しみのために読書するなどの技術を身につける。
- 13　目的に応じて手紙や実用的な書類が書ける。

　　　　　　　（前掲書，pp.12-13．言語生活に関連するもののみ抽出）

　言語生活における文化要素を捉える上では、民俗学の視点も有効と思われ

る。民俗学では、国民大衆の生活に存する伝統や様式、価値観や人生観などをつまびらかにすることが目途とされているからである。その際、民俗学が取り上げる項目で言語生活と関わるものには以下のようなものがある。

①社会構成：地域の共同体が形成してきた組織や社会的な活動に関する項目である。組織や活動には仕組みと様式があり、成文化されていることが多い。中には数百年を越えて維持され、規約などがしたためられた古文書の残る事例も珍しくない。

②生業：人々の生活を支える仕事にかかわる項目である。ある職業における知恵、技術、伝承、生きる姿等は現行の高等学校国語教科書にも少なからず採録されている。農村では、例えば「秋の夕焼け鎌を研げ、秋の朝照り隣へ行くな」といった天気の予知と仕事との関係を示唆する伝承が数多く見られる。

③信仰：信仰に基づくしきたりや作法、今日なお人々の心を惹きつけて止まない妖怪・魔物についての伝承などは身の回りに豊富に存在する。わけても不遇の死を遂げた魂を神格化する御霊（ごりょう）信仰は、早良（さわら）親王・菅原道真（すとく）・崇徳天皇をその代表として我が国の宗教観・信仰観を特筆するものである。その事例は古典文学の世界はもとより、小学校国語教科書にある「ごんぎつね」（新美南吉）にも認められる。民間では、無縁仏を祀る各地の祠碑や道祖神信仰等にその存在を認めることができる。

④年中行事：日本人は古来、一月と七月を祖霊が戻る時期とし、特定の期日をモノ日（特別な日）として扱ってきた。また、一年を二十四節気に分け、それぞれの時季に併せて様々な行事を催してきた。こうした年中行事を知り、経験することは、自然と調和し時間を循環サイクルとして捉える日本人の文化的特性の理解を促進する。これに関わる随想も、現行高校国語教科書には散見される。(注3)

⑤人生儀礼：長寿の寿がコトホギ（言祝ぎ）を語源とするように、我が国における人生儀礼は言葉による祝福と弔いに包まれている。例えば結婚式における忌み言葉（別れる・切れる・終わるなど）、祝辞や弔辞に表される慣用的な表現など、「言語文化」に関わる素材は膨大にある。

⑥衣食住：衣食住に関わる我が国独特の文化事象は、生活世界に横溢して

いる。特に伝統的な日本家屋の造りや食品、和服に関する語彙はきわめて多い。また、例えば座り方に関わる語彙(あぐら・そんきょ・正座など)の豊富さに見られるように、生活様式にも様々な語彙がある。

⑦方言・口承文芸：民俗学的な分類項目の中で、「言語文化」とほぼ直接的に対応するのがこの項目である。特に、口承文芸として各地に伝わる伝説・昔話・世間話等は、そのまま人々の生活における「言語文化」に他ならない。また、各地の方言は地域独特の生活が反映されているだけではなく、言語文化史の観点からも興味深い知見を与えてくれる。例えば東北地方では蜂のことを今でもスガリと呼ぶが、これは『萬葉集』に「すがる乙女(蜂のように腰のくびれたグラマラスな体躯の女性)」と詠われた蜂の異名が残存しているものである。

(3) 多様な言語芸術や芸能など

第三の柱である言語芸術や芸能は、「言語文化」そのものとして長く対象化されてきたものであり、改めて具体的内容を指摘するまでもない。ちなみに高校国語教育において取り上げられてきた、あるいは今後取り上げられるであろう言語芸術や芸能を列挙すると、次のようになる。

1) 神話・説話　2) 物語　3) 日記　4) 和歌　5) 俳句　6) 連句・連歌　7) 短歌　8) 詩　9) 童話・児童文学　10) 随筆・随想　11) 評論・論説　12) 小説　13) 能　14) 狂言　15) 歌舞伎　16) 浄瑠璃・文楽　17) 落語　18) 漫才　19) 講談・辻講釈　20) 浪曲　21) 都々逸　22) 小唄・長唄　23) 口承文芸　24) 民話(伝説・昔話)　25) 戯曲・ドラマ・歌劇　26) 劇画・アニメーション　27) 映画

このうち、例えば伝統芸能としての4)和歌〜7)短歌、13)能〜22)小唄・長唄に着目すると、次のような教育内容が指摘できる。

○日本語のリズム・語感：俳句、連句・連歌、短歌等
○語彙と発想法：俳句、連句・連歌、短歌等
○日本語コミュニケーションの呼吸：落語、漫才等
○ドラマの技法：歌舞伎、浄瑠璃・文楽等

4 課題探究型学習のすすめ

　「言語文化」における三つの柱を踏まえ、古典と現代とを結ぶこれからの学習指導のあり方として、課題探究型学習を提案する。[注4]

　「言語文化」にかかるこれまでの学習指導は、基本的に「読むこと」を中心に行われてきた。確かに我が国の文化や伝統について理解することは「言語文化」の存在を認識する上で必須の作業であり、これを否定することはあり得ない。しかしながら、文化や伝統に関する諸知識を終始読解型の学習で取り上げた場合、学習者はそれらをテストに備えて記憶すべき事項とみなしはするものの、自らの言語生活に生きてはたらく学びであると認識するには十分な効果が得られないと思われる。

　そこで、自ら「言語文化」に関する知識を収集し、分析し、自ら課題を設定して探究する学習活動を提案したい。課題探究型学習は現行の高等学校選択科目「現代文A」、「古典A」の学習形態として示されているが、学力に課題のある学校や、進度を整えて教科書教材を扱う学校では敬遠されがちである。しかし、18歳選挙権が施行された現在の高校生にとって、自ら課題を設定しこれを探究する方法を経験することは、生涯にわたって生きてはたらく言語力を育成する上で重要な学びである。問題は、どのレベルの学習者でも遂行可能な課題探究型学習のモデルとはどのようなものかにある。

(1) 課題探究型学習の第一ステップ

　課題探究型学習は、基本的に二つのステップで構成される。その第一は、時間をかけさえすれば誰にも実行できる課題の設定と遂行である。

　課題探究型学習におけるこれまでの実践経験から判断すると、第一ステップにおける最も効果的な課題の一つは、「言語文化」に関わる語彙で相当量の出現率を持つものを、テキストから抽出するという課題である。

　例えば「春夏秋冬」、「虫」、「月」、「花」、「鳥」といった語彙を挙げ、これに相当する語句を個人もしくはグループでテキストから抽出する（語彙の選定に当たっては、教師が責任をもって行う）。学力に課題のある学校では小・中学校で使った国語教科書を持参させ、これをデータベースとして調べさせるとよい。また、古典との接続を考えれば『小倉百人一首』や『古今和歌集』、近現代詩などを素材として準備し、そこに登場する語彙を収集する活動が効

果的である。いずれにしても、調べる対象範囲を閉じておくことが肝要である。古典の文章はデジタルテキストとして公開されているものが多いので、パソコンで検索をかけて抽出すれば簡単に収集することができる。ただし、できるだけ印刷された文献を手ずから紐解いて調べる作業を奨励したい。その方が達成感が大きいからである。

　あるテキストから該当語彙を網羅的に調べることを「悉皆調査」と呼ぶが、このような学習語彙を教室で共有する環境を重視したい。学習者は、最初こそ調べる文献の規模と面倒くささに閉口するが、調査が進むと確実に用例が蓄積されていくので、やがてその作業に楽しさを覚えるようになっていく。これは筆者の長年の実践経験から導かれた事実である。

　抽出された語彙は、作品名、ページ、用例文、該当語彙などの項目を立てて表計算ソフトに入力する。そして、季節、天候、イメージ、関連語彙などの観点から分類を行う。例えば「虫」について『古今和歌集』を通覧すると、「蟬」は「空蟬」という語彙で詠われることがしばしばあり、はかなくうつろなイメージを表象していたことが了解される。

(2) 課題探究型学習の第二ステップ

　課題探究型学習の第二ステップは、こうして収集・分類された語彙群を通覧して問いを立てる作業から始まる。例えば『古今和歌集』を素材にして「鳥」について悉皆調査を行った学習者には、次のような問いが想定される。

　○歌に登場する鳥の種類と出現頻度にはどのような特徴があるか。
　○詠われている鳥は声で登場するか姿で登場するか、その違いは何か。
　○詠われている鳥が持つイメージにはそれぞれどのような傾向があるか。
　○鳥と共に詠われる素材にはどのようなものがあるか。
　○現代のイメージと共通する要素、異なる要素はあるか。

　これらの問いを第二の課題として設定し、悉皆調査のデータ分析を行う。このとき、他の語彙で調査した学習者とデータを共有させ、情報交換をするように奨励するとよい。例えば『古今和歌集』を素材に「鳥」について調べた者と「春夏秋冬」について調べた者のデータを共有させると、「雁」は主として秋と春の風情として詠われることに気付く。そして、別れや果たせぬ思いを詠んだものが多いこと、古今集歌に登場する鳥の中では最も姿が詠わ

れることなどが発見的に認識されることになる。

　こうして調べた成果は、以下の構成でレポートにまとめ、発表会を行う。

①目的と方法：なぜこの語彙を選んだのか、何を明らかにしようとするのか、どのような方法を用いたのかを解説する。

②結果：第一ステップの調査結果をもとに、該当語彙の全体的な出現状況、特徴や傾向等をグラフや表を用いて報告する。

③分析：第二ステップの課題を基に、該当語彙の分析結果を示す。

④考察：第二ステップで立てた問いを提示し、③の分析結果に基づいて分かったこと、発見したことを述べる。

⑤成果と課題：今回の課題探究型学習で明らかになったことを整理し、今後さらに調べるとしたらどういう課題があるかを示す。

5　おわりに

　課題探究型学習に限らず、学習者に求める言語活動は、事前に必ず教師が行っておくべきである。また、「言語文化」にかかる素材の収集に努め、自らその担い手として自覚すべきことも言うに及ばない。さらに言えば、そうして蓄えた「言語文化」に関する知見について、文化圏の異なる人（例えばALT）に説明する試みも是非行ってほしい。英語圏の友人と話をしていて痛感するのは、彼らと親しく交流する条件は語学力の堪能さではなく、自国の文化をどれだけ広く深く知っているかにかかっているからである。

【注】

注1　この事実を理解せず、必修科目「言語文化」とは古典を中心とした読解重視型科目であり、進学校向けに設置された科目であるといった誤解が拡散される状況は、懸念されるところである。

注2　例えば日本語で「連休は遊びに行けましたか？」と問われて「いいえ。行けませんでした」と答えた人が、「連休なのにどこにも行けませんでしたね？」と問いかけられると「はい。行けませんでした」と応答するケースである。英語では質問者がどう問いかけても、答える側は事実にそくしてYesかNoを用いるため、両言語の母語話者間では大きな認識の差異となっている。

注3　例えば高校国語教科書に随想がしばしば採録されている哲学者の内山節は、日本人の伝統的な精神性は自然と調和して生きようとするところに育まれており、それは循環する時間概念として表象されるとしている。

注4　実践の具体例については、杉村修一・藤森裕治（2005）「中学校・高等学校における古典教育の研究：「学び方」としての学校間連携」（全国大学国語教育学会発表要旨集 108、p.73-76）で報告している。

理論編⑤

高大接続の改革とその背景

キーワード 中央教育審議会／高大接続システム改革会議／論理的な思考／大学入学希望者学力評価テスト（仮称）

筑波大学教授 島田康行

はじめに

　高校教育と大学教育とがひとすじの道として連なり、ひとつの到達点をめざそうとするとき、両者の間に横たわる大学入試は、その連なりを妨げるものであってはならない。新しい大学入試は、むしろそこを通る者に加速を促す仕掛けとして機能することが望ましい。

　ここでは近年の高大接続の改革をめぐる議論をたどることで、この改革のめざすところを見きわめ、これからの国語指導のあり方を考える一助とする。

1　二つの答申

　中央教育審議会答申「新しい時代にふさわしい高大接続の実現に向けた高等学校教育、大学教育、大学入学者選抜の一体的改革について　～すべての若者が夢や目標を芽吹かせ、未来に花開かせるために～」（平成26年12月22日）は、改革の目標を次のように述べている。

　「高大接続」の改革は、「大学入試」のみの改革ではない。その目標は、「大学入試」の改革を一部に含むものではあるが、高等学校教育と大学教育において、十分な知識・技能、十分な思考力・判断力・表現力、及び主体性を持って多様な人々と協働する力の育成を最大限に行う場と方法の実現をもたらすことにある。

　大学入学者選抜における学力の三要素に対応した評価の実現とともに、高校・大学教育における学力の三要素の育成、発展、向上を併せてめざしたところに、この答申の特徴があると言ってよい。

答申が公表され、その内容が知られていくにつれ、高校・大学等の教育関係者の間には、近年にない大きな改革がめざされているという印象が広まった。その一方で、本当に実現できるのかという一抹の懐疑ももたらされた。特に、大学入試センター試験を廃し、これに代わる共通テストとして計画される「大学入学希望者学力評価テスト（仮称）」（▶p.218）がどのような内容・方法で実施されるのか、記述式問題やCBT（▶p.219）などをキーワードとして、社会的にも大きな注目を集めるようになった。
　そうした中、この改革の理念の前で、ある既視感に囚われた人もあったのではないか。この答申は改革の背景について次のように述べる。

　18歳頃における一度限りの一斉受験という特殊な行事が、長い人生航路における最大の分岐点であり目標であるとする、我が国の社会全体に深く根を張った従来型の「大学入試」や、その背景にある、画一的な一斉試験で正答に関する知識の再生を一点刻みに問い、その結果の点数のみに依拠した選抜を行うことが公平であるとする、「公平性」の観念という桎梏は断ち切らなければならない。
　　…（中略）…
　そのためには、既存の「大学入試」と「公平性」に関する意識を改革し、年齢、性別、国籍、文化、障害の有無、地域の違い、家庭環境等の多様な背景を持つ一人ひとりが、高等学校までに積み上げてきた多様な力を、多様な方法で「公正」に評価し選抜するという意識に立たなければならない。

　ここに見られるような、一点刻みの点数に依拠した選抜の「公平性」からの脱却、評価尺度の多元化という方向性は、実はかつての中教審答申「初等中等教育と高等教育との接続の改善について」（平成11年12月16日）で、すでに示されていたものである。例えば次のように。

　　中央教育審議会では、これまでの学力試験による1点差刻みの選抜が、受験生にとって最も公平であるという概念を見直すよう呼び掛けてきたが、このような考え方は依然として根強く残っているように見受けられる。

今後は、各大学がそれぞれの教育理念等にふさわしい資質を持った学生を見いだすための選抜を行うことが重要であり、そのためには、何が公平かについて、多元的な尺度を取り入れることが必要である。いわゆる1点差刻みの客観的公平のみに固執することは問題であると考えられる。例えば、学力検査のみの選抜を行うところがあってもよいし、それ以外の多様な方法による選抜を行うところがあってもよい。その際、教科・科目の基礎的な知識量だけでなく、論理的思考能力や表現力等の学習を支える基本的な能力・技能や大学で学ぶ意欲がどのぐらいあるかといった視点で判定することや、入学時点での学力だけでなく、意欲や関心の強さも含めて入学後に伸びる可能性も考慮に入れて判定することも必要である。

　先の答申から15年の月日を経て、今日なお一点刻みの点数による選抜を「公平」とする観念は社会に根強い。その「桎梏」が、大学入試における評価尺度の多元化を妨げ、結果として知識伝達型に留まりがちな高校の学習指導の現状にも大きく影響していると、今次の答申は強調する。
　一方、先の答申を受けて、各大学はこぞってアドミッションポリシー（入学者選抜方針）を策定し、多くの大学がAO入試を開始した。この新しい入試の急速な拡大は、前回の接続改革がもたらした大きな変革であったといえる。AO入試元年と呼ばれた平成12年度には、大学進学者全体の1.4%（約8千人）に過ぎなかったこの入試の入学者は、平成27年度には8.8%（約5万3千人）にまで増えている。
　こうしてみると選抜方法の多様化は進んでいるようでもあるが、今次の答申は、AO入試や推薦入試も「多くが本来の趣旨・目的に沿ったものとなっておらず、単なる入学者数確保の手段となってしまっている」という認識に立ち、学力の三要素に適切に対応した入学者選抜の実現をめざしている。今回の改革がどのような変革をもたらすのか、結果がわかるのはまだ少し先のことになる。

2　高大接続システム改革会議
(1)「大学入学希望者学力評価テスト（仮称）」

　答申の翌月には、その内容を踏まえた重点施策と改革のスケジュールを示した「高大接続改革実行プラン」（文部科学大臣決定、平成 27 年 1 月 16 日）が公表された。

　このプランは、「大学入学希望者学力評価テスト（仮称）」の平成 32 年度からの実施をめざし、実施までのスケジュールとして、平成 27 年度中を目途に記述式問題の導入方法、CBT 方式の導入方法、成績表示の具体的なあり方などについて専門家会議の検討結果を取りまとめ、作問イメージ（モデル問題）を公表すること、平成 28 年度中に、出題内容や範囲、プレテストの実施内容やスケジュール、正式実施までのスケジュールなどの実施方針を取りまとめ、公表すること、平成 29 年度初頭に実施方針を策定・公表し、平成 30 年度中を目途にプレテストを実施すること、そして平成 31 年度初頭には「実施大綱」を策定・公表することなどを示していた。

　これを受けて、3 月には「高大接続システム改革会議」が始動し、9 月 15 日に「中間まとめ」、平成 28 年 3 月 31 日に「最終報告」を公表した。

　この「最終報告」は、「大学入学希望者学力評価テスト（仮称）」のあり方について、「学力の 3 要素」のうち知識・技能を基盤としつつ「答えが一つに定まらない問題に自ら解を見いだしていくために必要な思考力・判断力・表現力をよりよく評価できるものとすること」や「高等学校教育の指導改善や入学後の大学教育にも好影響を与えることのできるものとすること」を示した。

　さらに「国語」に関しては、現行・次期学習指導要領下に共通する枠組みとして、次のように述べている。

　　　知識・技能に関する判定機能に加え、例えば、言語を手掛かりとしながら、与えられた情報を多角的な視点から解釈して自分の考えを形成し、目的や場面等に応じた文章を書くなど、思考力・判断力・表現力を構成する諸能力に関する判定機能を強化する。

「目的や場面等に応じた文章を書く」、すなわち、記述式問題を導入することがはっきりと書き込まれている。その導入の時期についても、

> 対象教科については、当面、高等学校で共通必履修科目が設定されている「国語」「数学」とし、特に記述式導入の意義が大きいと考えられる「国語」を優先させる。平成32年度から平成35年度までの現行学習指導要領の下では短文記述式の問題を導入、平成36年度以降の次期学習指導要領の下ではより文字数の多い記述式の問題を導入する。

と、「大学入学希望者学力評価テスト（仮称）」の開始と同時に、短文記述式問題を導入することが明言されている。

そしてこれは大学教育を受けるために必要な諸能力の育成のために「各教科で重視すべきプロセス」として同会議が整理した、次の内容と呼応するものと考えられる。

〈国語〉
例えば、多様な見方や考え方が可能な題材に関する文章や図表等から得られる情報を整理し、概要や要点等を把握するとともに、他の知識も統合して比較したり推論したりしながら自分の考えをまとめ、他の考えとの共通点や相違点等を示しながら、伝える相手や状況に応じて適切な語彙、表現、構成、文法等を用いて効果的に伝えること。

同会議は、第9回会議の配布資料として「記述式問題イメージ例【たたき台】」[注1]（平成27年12月22日、▶p.214）を公表したが、その問題イメージ例が上の「各教科で重視すべきプロセス」を踏まえて作成されていることにも注意を払っておくべきだろう。

(2)「高等学校基礎学力テスト（仮称）」

「最終報告」は、もう一つの新テストである「高等学校基礎学力テスト（仮称）」（▶p.218）のあり方についても述べている。こちらは高校生に求められる基礎学力の確実な習得と学習意欲の喚起を目的として実施されるものであ

り、国語、数学、英語が対象教科となる。

　このテストの結果は、高校教育の質の確保・向上の観点から、生徒や教員のほか、高校の設置者にもフィードバックされ、各高校における指導の工夫・充実や、国・都道府県等における教育施策の改善のための活用が図られる。

　また、平成31年度から34年度までは「試行実施期」と位置付け、この間は大学入学者選抜や就職に用いないこと、平成35年度以降の活用については、定着状況を見つつ、高校、大学、企業等、関係者の意見を踏まえ、試行実施期を通じてさらに検討を行うことが示された。検討の結果如何では、平成35年度以降、このテストも大学入学者選抜に活用される可能性があるということになろう。

3　「大学入学希望者学力評価テスト（仮称）」で評価すべき能力と「記述式問題イメージ例【たたき台】」

　資料のタイトルに【たたき台】という言葉が添えられているように、ここで示された問題イメージ例は「記述式問題の出題に当たっての考え方の方針を示す趣旨で作成」されたものである。資料の冒頭には「問題の難易度を含めた『大学入学希望者学力評価テスト（仮称）』としての具体的な作問の在り方については引き続き検討」と注意書きがあり、示された問題イメージ例から難易度や取り扱われる素材のジャンルなどについて窺い知ろうとすることは適切でないことが分かる。

　まず、注目したいのは、問題イメージ例を掲げるにあたって、前述の「各教科で重視すべき学習のプロセス」と「評価すべき具体的な能力」との対応案が、次頁の図のように示されている点である。

　そして実際に公表された3題の問題イメージ例は、この対応を踏まえて作成されている。例えば、交通事故のグラフに関する問題〈例1〉は、評価すべき主な能力のエ）オ）カ）ク）、複数の文章の内容に共通点を見出す問題〈例2〉はア）イ）ウ）エ）、新聞記事を読んで自分の考えを書く問題〈例3〉はエ）オ）キ）ク）と、それぞれ対応することが示されている。

　「大学入学希望者学力評価テスト（仮称）」の作問のあり方については、これから具体的な検討が進んでいくことになるが、この「重視すべき学習のプ

〔重視すべき学習のプロセス〕	〔評価すべき具体的な能力〕
例えば、 多様な見方や考え方が可能な題材に関する文章や図表等から得られる情報を整理し、概要や要点等を把握するとともに、 他の知識も統合して比較したり推論したりしながら 自分の考えをまとめ、 他の考えとの共通点や相違点等を示しながら、 伝える相手や状況に応じて適切な語彙、表現、構成、文法等を用いて効果的に伝えること。	ア）与えられた文章や図表等の中から情報を収集したり取り出したりする力 イ）文章や図表等の情報を整理し、解釈する力 ウ）文章や図表等の情報を要約したり、一般化したりする力 エ）目的に応じて必要な情報を見つけ出して文章や図表等の情報と統合し、比較したり関連づけたりする力 オ）得た情報を基に、物事を推し量ったり予測したりする力 カ）得た情報を基に、立場や根拠を明確にしながら、論理的に思考する力 キ）上記ア）～カ）のプロセスを経て、問題解決のための方法や計画（自分の考え）をまとめる力 ク）上記ア）～キ）のプロセスで得た情報を構造化し、目的や意図を明確にし、構成や展開を工夫して表現する力 ケ）受け手の状況を踏まえて表現する力 コ）表現した結果を振り返り、さらに改善する力

ロセス」と「評価すべき具体的な能力」の枠組みは、今後も踏襲されていくものと考えられる。

　この「評価すべき具体的な能力」のうち、「情報を構造化し、目的や意図を明確にし、構成や展開を工夫して表現する力」「受け手の状況を踏まえて表現する力」「表現した結果を振り返り、さらに改善する力」などは記述式問題によって評価することが適切と考えられるが、それ以外のものについては多肢選択式などの形式によっても評価は可能なはずである。

記述式問題の導入に関しては、採点にかかる時間や公平性の担保など、実現までにクリアされるべき課題も少なくなく、実際にどのような方法・内容で実現されるのか、今のところ明確でない部分も多い。ただ、「大学入学希望者学力評価テスト（仮称）」においては、どのような形式になるにせよ、前図に示されたような枠組みで、具体的な能力が問われる可能性が高いと考えてよいと思われる。
　次に、学習指導要領との関係についても確かめてみると、個々の問題イメージ例と「国語総合」の指導事項との関連が示されており、〈例1〉のように「多様な見方や考え方が可能な題材に関する複数の図表や文章を読み、情報を統合しながら、考えを構成し表現する問題」も、現行学習指導要領下で十分に出題可能と考えられていることが分かる。また、関連する領域・内容として〈例1〉では「現代の社会生活で必要とされている実用的な文章を読んで内容を理解し、自分の考えをもって話し合うこと」、〈例3〉では「文字、音声、画像などのメディアによって表現された情報を、課題に応じて読み取り、取捨選択してまとめること」と、指導事項のみならず「言語活動」が挙げられていることにも注目しておきたい。
　〈例1〉の問題を見て、全国学力・学習状況調査の「B問題」や、その流れを取り入れた高校入試を想起する人も少なくないようだが、その直感はどうやら正しい。このことについて文部科学省高等教育局長が次のように述べている。

　知識の習得だけではなくて、その知識をどうやって実社会の文脈なども含めて活用していくのかということが、初等中等教育の非常に大きな課題として、この10年ほど取り組んできたことだと思います。それが、…（中略）…高等学校の入試というところまではたどり着いているわけですけれども、それをどうやって高等学校教育と大学入試、大学教育につなげていくのかというのが今回の高大接続の非常に大きな課題だと思いますので、今の高等学校学習指導要領の問題も含めて、初等中等教育ともよく連動しながら、それをうまくつなげて実現していくという方向で更に練っていきたいと考えております。　　　（「高大接続システム改革会議」第9回議事録）

4 「特定の課題に関する調査（論理的な思考）」

さて、問題イメージ〈例1〉の冒頭には「国立教育政策研究所『特定の課題に関する調査（論理的な思考）』（平成24年2月実施）より一部改題」と付記がある。

この「多様な見方や考え方が可能な題材に関する複数の図表や文章を読み、情報を統合しながら、考えを構成し表現する問題」の基となった「特定の課題に関する調査（論理的な思考）」とは何か、確認しておこう。

特定の課題に関する調査は、国立教育政策研究所により、「教育課程実施状況調査」の枠組みでは把握が難しい内容について、児童生徒を対象としたペーパーテストまたは実技調査、質問紙調査（抽出調査）として平成17年より実施されたものである。従来、年毎に国語、社会、数学、理科、英語等、各教科における特定の課題についてペーパーテスト形式等の調査が行われていたが、平成24年に初めて教科の枠を超え、「論理的な思考」と題して全国の国公私立160校の高校2年生約5,500人に対する調査が実施された。

高校生の論理的思考力の状況を把握・分析しようとする試みは国立教育政策研究所としても初めてのものであった。論理的な思考の過程における活動として6種を挙げ、各活動の場面を捉えて出題した点に特徴がある。

6種の活動の場面とは次頁の表に示すとおりである。(注2)

〈例1〉の基となったのは「⑤仮説を立て、検証する」活動の場面を捉えた問題で、「前提となる資料から必要な情報を取り出して仮説を立て、必要な資料を基にその妥当性を検証することができるかどうかをみる」という趣旨であった。

この問題を改編し、「大学入学希望者学力評価テスト（仮称）」で評価すべき具体的な能力のエ）オ）カ）ク）を測る問題に仕立て直したものが問題イメージ〈例1〉ということになる。

数年来の接続改革の流れの中でこの経緯を考えてみると、この調査に用いられた論理的な思考に関する活動の枠組みは、記憶にとどめておく意味があるように思われる。

活動	具体的な内容
①規則、定義、条件等を理解し適用する。	資料から読み取ることができる規則や定義等を理解し、それを具体的に適用する。
②必要な情報を抽出し、分析する。	多くの資料や条件から推論に必要な情報を抽出し、それに基づいて分析する。
③趣旨や主張を把握し、評価する。	資料は、全体としてどのような内容を述べているのかを的確にとらえ、それについて評価する。
④事象の関係性について洞察する。	資料に提示されている事象が、論理的にどのような関係にあるのかを見極める。
⑤仮説を立て、検証する。	前提となる資料から仮説を立て、他の資料などを用いて仮説を検証する。
⑥議論や論証の構造を判断する。	議論や論争の論点・争点について、前提となる暗黙の了解や根拠、また、推論の構造などを明らかにするとともに、その適否を判断する。

5　改革の流れの中で

　「特定の課題に関する調査（論理的な思考）」が全国で実施された数か月の後の平成24年6月、文部科学省は「大学改革実行プラン～社会の変革のエンジンとなる大学づくり～」を公表した。

　この中に大学入試改革にも触れたところがあり、「教科の知識を中心としたペーパーテスト偏重による一発試験的入試」から「志願者の意欲・能力・適性等の多面的・総合的な評価に基づく入試」への転換がうたわれていた。そして、考えられる取組みの例として「1点刻みではないレベル型の成績提供方式の導入によるセンター試験の資格試験的活用の促進」等とともに「思考力・判断力・知識の活用力等（クリティカルシンキング等）を問う新たな共通テストの開発」が掲げられていた。

　「クリティカルシンキング」という言葉の出現は唐突にも見える。

　公表直後に開かれた中教審大学分科会大学教育部会（第17回）の議事録によれば、「いきなりクリティカルシンキングが出てくる背景があるのか、50万人規模の受験者でそういう試験が果たしてできるのか」という趣旨の委員の発言に対し、文部科学省側からは「入試の問題だけではなく高校教育

改革、大学教育改革，その接続とを一体的に議論していきたい」という趣旨の説明がなされている。

実は直前の文部科学大臣発表「社会の期待に応える教育改革の推進」（平成24年6月4日付）の中には、「教育の質保証に向けたシステム改革」の一環としての「考える力（クリティカルシンキング）やコミュニケーション能力等の育成、体験的な学びに重点をおいた新学習指導要領等の着実な実施とフォローアップ」、また、「意欲・能力・適性等の多面的・総合的な評価に基づく入試への転換の促進」の方策としての「高校・大学の教育と連動した入試改革、クリティカルシンキングを重視した入試への転換、センター試験の改革」といった文言が並んでいた。

そして、平成24年9月の中教審高校教育部会（第12回）において「批判的思考―これからの教育の方向性の提言―」と題する報告がなされるなど、批判的思考（クリティカルシンキング）は、一体的改革の流れの名の中に一定の位置を占めるようになったと言ってもよい。

その後、教育課程改訂の議論が進められる中、平成27年8月には初等中等教育分科会教育課程企画特別部会の「論点整理」が公表された。この中の「2. 新しい学習指導要領等が目指す姿」の「(2) ②特にこれからの時代に求められる資質・能力」には次の一文があった。

> 急速に情報化が進展する社会の中で、情報や情報手段を主体的に選択し活用していくために必要な情報活用能力、物事を多角的・多面的に吟味し見定めていく力（いわゆる「クリティカル・シンキング」）、統計的な分析に基づき判断する力、思考するために必要な知識やスキルなどを、各学校段階を通じて体系的に育んでいくことの重要性は高まっていると考えられる。

一体的改革をめざす高大接続と高校教育のそれぞれに関する議論の中で、この言葉はときおり顔をのぞかせてきた。

平成28年8月に公表された、教育課程部会の「国語ワーキンググループにおける審議の取りまとめ」でも、「物事を多面的・多角的に吟味し見定め

ていく力(いわゆる「クリティカル・シンキング」)」は、国語科において育成する必要があるとされる能力の一つと位置づけられた。そして、その育成が「情報を多面的・多角的に精査し構造化する力(論理の吟味・構築、妥当性、信頼性等の吟味)」、「考えを形成し深める力」などの育成と深く関わっていることがあらためて指摘されている。

おわりに

　ここまで、改革の議論の流れを辿ることで、これからの国語指導が育成をめざすべき力として重視されている内容を確かめてきた。

　今次の答申がタイトルに掲げた「一体的改革」の意味は重い。今後、高大接続の改革がどのように具体化されていくのか、しばらくは注意深く見守る必要がありそうだが、高校においてはこれを「国語」の授業改善の契機として捉えていくことが望まれる。

【注】
注1　http://www.mext.go.jp/b_menu/shingi/chousa/shougai/033/shiryo/__icsFiles/afieldfile/2015/12/22/1365554_06_1.pdf
注2　国立教育政策研究所教育課程センター「特定の課題に関する調査(論理的な思考)調査結果」（平成25年3月）による。
　http://www.nier.go.jp/kaihatsu/tokutei_ronri/pdf/10_tyousakekka.pdf

〈座談会〉

国語教育のこれまでとこれから

大滝一登　（文部科学省教科調査官）
佐藤和彦　（東京都立広尾高等学校校長）
小林一之　（山梨県立甲府城西高等学校教諭）
河手由美香　（山梨県立甲府西高等学校教頭）
十文字富美絵　（茨城県立波崎柳川高等学校教諭）
[司会] 幸田国広　（早稲田大学教授）

幸田◆本日は、本書にご執筆いただいた先生方と「国語教育のこれまでとこれから」についてお話ししていきたいと思います。現在、次の学習指導要領改訂に向けたいろいろな議論が行われていますが、学校現場の反応や、先生方のお感じになっていることなどを率直にお話いただければと思います。

次期学習指導要領への反応

河手◆まず、次期学習指導要領改訂に向けたポジティブな面として、今までのような一方通行の講義型の授業を受けるだけでなく、協働的に自分たちの力で知識や経験を活用しながら思考し、課題を解決していく、そういう子供たちを育てなければいけないという受け止め方をかなり多くの先生方がされているということがあると思います。研究授業などを拝見しますと、アクティブ・ラーニング（▶p.216）に向けて工夫をされた取り組みが浸透していて、先生方もそれによって子供たちが変容しているというのを手応えとし

て感じていらっしゃるし、自分たちも達成感があるので、非常に熱心です。

ただ、その一方で、ネガティブな面もあります。そういった授業に変えていこうとしたときに、例えば「大学入試とか就職ということの保障はされますか」などと言われると、非常に戸惑ってしまう。まず目の前の生徒の進路を保障しなければいけないということの焦りや責任感といったプレッシャーもあって、なかなか忸怩たる思いがある。また同じ教科の中でも、まず目の前の生徒のことを頑張らなければならないという先生方がいる一方で、将来的に見て改革しなければという先生方もいて、うまく足並みがそろわないということもあります。さらに、アクティブ・ラーニングに取り組む上では、どうしても手法に目がいきがちで、深い課題設定ということがなかなか難しいということも挙げられると思います。

佐藤◆私は正直なところ、高校の国語に関しては課題が大きいかなと思いま

▲大滝一登　編著者　【理論編①】担当。

▲幸田国広　編著者　【理論編②】、【実践編③④】「この実践ここがポイント」担当。

▲佐藤和彦　【実践編②⑨】この実践ここがポイント」担当。

▲河手由美香　【実践編①⑤】「この実践ここがポイント」担当。

▲小林一之　【実践編⑤】担当。

▲十文字富美絵　【実践編⑧】担当。

す。次期学習指導要領は、資質・能力（▶p.216）育成ベース、コンピテンシーベースでの改訂が図られています。しかし今、国語の教員が実際の授業でいわゆる言語能力育成に関して意識しているかどうかは、非常に疑問です。例えば、「国語総合」で何を教えるかというと、近代以降の文章であれば「羅生門」を教える。古典であれば「源氏物語」を教える。このように、学習指導要領に基づく言語能力の育成に関して指導すべきところに目が向かず、どうしても作品に目が向いている。本来であれば「国語総合」は「話すこと・聞くこと」であるとか、「書くこと」であるとか、「読むこと」という領域で考えなければならないところを、相変わらず教材中心の現代文、古文というくくりで考えている。そこを変えていかないと、実際の指導も変わっていかないし、教員の意識も変わっていかないかなと思っています。

河手◆作品がまず出てくるという現場の先生方の発想はやはり根強くあるように思います。国語においては言語そのものが学習の対象となるという発想がなかなかなくて、先生方が大学で勉強された作品論とか作家論とかで自分が感動したものを、子どもたちに伝えたいという思いが強くおありになる。国語が言語を司る教科だという認識に対して抵抗感があるように思います。

大滝◆佐藤先生、河手先生のおっしゃったような、教材への依存度が高く、その反面、主体的な言語活動が軽視されていて、依然として講義調の伝達型授業に偏っているというような課題は、中教審の国語ワーキンググループの取

りまとめの冒頭でもはっきりと示されています。また、文章の内容や表現の仕方を評価して、目的に応じて適切に活用するという、いわゆるメタ認知を要するような学習ですとか、学んだことを活用していくという、そういったところがやっぱり弱いということ、それから、文字だけではなくて、音声、画像といった多様な表現メディアから読み取ったことを踏まえて、自分の考えを構築する、そして、それを的確に表現していくということ、あるいは、知識・技能の中の重要な要素である語彙ということについても十分でないということ、そういったことを課題として示しています。

　もちろんこのような課題を踏まえて単に学習指導要領を改訂すればそれで大丈夫ということには全くならなくて、それを現場の先生方が前向きに受け止めてくださること、それから、教科書なども含めて、学習を支える学習環境の充実が図られるということがなければ、なかなか望ましい結果にはならないだろうと思います。

　ただ、河手先生のお話の中で、先生方が目の前の生徒さんにどうしても目が向きがちになる、将来のほうになかなか目が向かないというお話がありましたが、おそらく両方大事であって、学んだことがまず次の進路で生かされるということと、それから、人生全体にそれが生かされるということ。それらは地続きのもので、決して二つ分離したものではないと思います。そのあたりのことが共通理解されるとまた違ってくるのかなと思います。

十文字◆これまでの国語教育から変わっていく部分として、観点別評価の重視ということがあると思います。すでにここ10年ぐらい観点別評価を積極的に授業に取り入れた実践を行ってきているのですが、そこで毎時間、「観点別評価のBをクリアする目標というのはここだよ」というのを、授業の始まりに生徒のほうにはっきり示して取り組むように心がけています。そうすると、生徒のほうも「今日、この時間ではここまでやれれば自分は目標達成することになるんだ」というように目標をはっきりと見据えて、その時間を過ごすことができるようになりますし、指導している私のほうでも、生徒一人一人が見えてくるというようなメリットがあると感じています。一斉指導で、生徒一人一人をあまり見ずに指導してきていた部分というのを改善する上で、観点別評価というのは非常に有効ではないかと感じています。

幸田◆最近もある高校の授業を見させてもらいましたが、先生がいきなり「何ページ開けて」と言ってはじまり、何を学習するのかもよく分からない。十文字先生が言うように、冒頭に評価

の観点を示して、それから進めていくと、生徒たちも心構えができていいと思います。

佐藤◆小学校などでは、「ねらいと目当て」といった形できちんと示していますよね。

小林◆小中学校の実践発表などを見ると、言語活動や評価などもしっかりとしている。その要因として、小中学校は義務教育というある種の共通基盤があって、それにのっとって学習活動ができる。高校は学校ごとの特性がありすぎて、学科も違うし、共通の基盤が小さいということが大きいと思います。そこは現場の教員として課題に感じますし、反省しつつやっています。

もう一点、率直にお話しすると、高校の教材の一番の難しさはテキスト自体の難しさにあると思うんです。現代小説、あるいは評論を読みこなすだけで精一杯みたいな現状があります。そこからある単元を設定して、育成する能力を規定して、言語活動をやって、評価規準を設けてということまで一人の教師が包括的にやろうとしたら、かなり大変だという気がします。

幸田◆教材の話が出ましたが、今回の改訂において、教科書のあり方というのは、現場の感覚を変えていく一つの突破口になるんじゃないかと思っています。

大滝◆そもそも教科書というのは有効に使うべき主たる教材です。教材というのはうまく活用していかなければもったいないわけです。その活用の仕方が今のところ高校の国語科においては、かなり単一の方向になっているということが大きな問題の一つです。それは教科書そのものの問題もあるかもしれませんが、先生方の意識の問題も大きいと思います。教科書がどのようなものであろうと、どのような活用をしようかと自分で考える、そういう視点を先生方が持つというのが大事だろうなと思います。

小林先生から、「高校ではテキストが難しい」というお話が出ました。ただ大切なのは、難しい文章を読むということではなくて、そもそもその文章をなぜ指導しなければいけないのかということですよね。自明のこととしてその文章を指導しなければいけないと思うから、読むことの、伝達型の授業になってしまう。もし今の目の前の生徒さんに難しければ、別の教材を選べばいいのではないでしょうか。そのとき別の教材を選ぶ視点というのは、やはり学習指導要領に基づいた目標をどう設定していくのかということにあると思います。指導の上でのスタンダードとして、学習指導要領が教育課程の基準として法令にも定められています。そこをまずご自身のお仕事の基盤にしていただければと思います。

少しでもそうなるように、今回の改訂の方向性として、各教科と学ぶ意義を明確化するために、教科等の特性に応じて育まれる「見方・考え方」（▶p.217）というものを整理しています。「自分の思いや考えを深めるため、対象と言葉、言葉と言葉の関係を、言葉の意味、働き、使い方等に着目して捉え、その関係性を問い直して意味付けること」が、「言葉による見方・考え方」であるというふうに整理しました。ここにまとめられているのは、河手先生がおっしゃった「言葉」ということなんです。言葉の力を付ける、身に付けさせるということが国語科の根幹的な役割であり、意義であり、役目であるということ。例えば教科書には、社会科学とか自然科学とか、様々な評論の教材が載っていますが、そもそもそれらは国語科の教材として成立したものではないと思うんです。教科でいうと、例えば公民に関することや、理科に関することなどが書かれている。だから、その内容を理解するのが第一義の目的であれば、それはそういう教科でその文章を取り扱えばいいだけです。その文章がどのように言葉で書かれているのかとか、そこで使われている言葉を学んで次に自分がどう生かせるのか、そういったところにつながっていかなければならないように思います。

実践をめぐって

幸田◆ここで実際に授業をなさった小林先生、十文字先生に、実践をめぐってお考えになったことや、苦労されたことなどを伺ってみたいと思います。

小林◆今回、「主体的・対話的で深い学び」ということを課題として検討していく中で、授業の準備というか、そもそも授業の構想自体をどう考え出すかという問題意識がありました。というのは、生徒がテキストを読む、何をどう読むかというそのプロセスや生徒の思考についてしっかり考え直さなければ、生徒主体の学習はなかなか成立しないという思いがあったからです。

最近は、授業に入る1週間前ぐらいに予備的に生徒にテキストを読ませて、何を感じ何を読み取り、何を疑問に思うかということを、リサーチしています。生徒がこういうふうに読み取っているということを事前に押さえて、こういうふうに読むんだったら、もっとこういうふうにも読めるかもしれない、といったことを考えながらやっています。その取り組みの中で今回の実践もあるんですが、まず目の前にいる生徒がどう読み取っているかということを分析することが、授業改善の第一のポイントじゃないかというふうに思っています。

具体的な今回の実践は、「現代文A」という科目の趣旨をもう一回しっかり

と捉え直すこと、探究的な活動と言語文化というのが大きなテーマです。そこから今回、桜というテーマを設定しました。

桜というと、すぐ咲く・散る、出会い・別れといったテーマがパターンとしてあるので、それをもうちょっと深めていきたい。どうしたらいいかということを考えて、三つの教材を組み合わせることにしました。それによって、生徒のいろんな感性を刺激して揺さぶれるんじゃないかと。でも、それだけやると結局、いろんな感想が出て終わってしまう。そこでもう一つ、思考の仕方を発見させることにしました。実践自体には検討すべきところもあるとは思うんですが、生徒がものを考える一つの基盤、共通項となって、いろいろと議論しやすくなったり、書きやすくなったりしたのではと思います。

河手◆小林先生の取り組みにあったように、子供たちが何をどういうふうに読み取っているのか。それを知りながら教えていくということはとても大事なことのように思います。そういうことをもっと機能させていくためには、教員側のほうも見通しを持つことが必要です。例えば高校３年間の中でどういう力をつけていかなければいけないのかということを、教員みんなが共有して理解をしていて、じゃあ、そういうことをするためには、この時期にはこんな力を付けさせよう、といった見通しを持っていることがすごく大事なのかなということを感じました。

十文字◆私は、今回の実践で、現代文で行っている話し合いの上での大事なルールや、話し合い活動の中での個々のレベルに応じた目標設定というようなところは変えずに、古典でも同じような話し合い活動の充実ができないかということを意識して行いました。これまで古典の場合は、現代語訳をする、そのために必要な文法事項をしっかりと身に付けさせる、ということを重視しすぎて、活用表を覚えようとか、そういうことをやっている内に、だんだん古典が嫌いになっていくというようなパターンがあったように思います。今回はそういったことではなく、歌物語を用いて、古典作品そのものの魅力に注目するようにしました。具体的には、ある程度歌物語について、その特徴を捉えるという勉強をしてきた上で、物語の部分を抜いて、歌を根拠にしながらその物語を創ってみようとしました。まずどのように物語を創れそうかというのを個別学習で深めておいて、それからグループで、よりよい物語を知恵を出し合って協力して創ってみようということを試みました。

今回の実践を通して、話し合いの活動の事前準備として、個別で自分の考えをある程度深める時間を取ることの

大切さを実感しました。また、文法を重視して、正確な現代語訳にばかり取り組む従来型の授業では、文法が身に付いていない子は、「自分は古典ができないんだ」と思い込んで、主体的に取り組まなくなってしまうということがあると思います。今回は、そのような子を出さずに、全員が歌物語の魅力ってどんなところにあるのだろうかという点に向かって取り組めたのがよかったと感じています。

佐藤◆今の十文字先生のお話にあったとおり、高校現場において古典嫌いというのは非常に根深い問題なんです。まさに先生のおっしゃったとおりで、おそらくは文語のきまりを重視して、訓詁注釈を行う授業によって古典嫌いが多くなっているのではと思います。

その解決方法の一つとしては、これも先生が今おっしゃったとおり、その作品自体の魅力、これをアピールすることが非常に有効だなと思っています。あともう一つは、古典ってそんなに特別なものではないと考えることだと思います。つまり、「国語総合」でいえば指導事項はいわゆる近代以降の文章であっても、いわゆる古典であっても同じ指導事項なわけですから。つまり、ねらいは同じわけなんです。そこを我々は再認識すべきかなと思います。

河手◆私は十文字先生のお取り組みをお聞きしていて、子供たち一人一人が生き生きと活躍できるのは、やはり評価してもらって自信ができるというか、自分は活躍できる場がある、それを認めてもらえるというところがいい。文語文法とか訓詁注釈というのが評価の観点ではなくて、この作品にどういうふうにアプローチできたのか、何を魅力として受け止めたのか、そういう点で評価してもらえるから、古典が嫌いにならないんだなというふうに感じました。子供たちの学びを変えるには、明確な目標に基づき、どんな言語活動をさせて、それをどういうふうに評価してあげるのかということ、そこが肝なんだなというように思いました。

大滝◆小林先生や十文字先生の、今の現場でのご実践の苦労や発想などをお聞きしながら考えることは、やはり指導上の課題意識というのが実践をより良くするための原点になっているということです。

ちょっと話を広げると、今回の改訂の背景として、今の高校生がこれから社会へと出て、それから中核を担っていくような時代では、社会がますます現状よりも激しく変化することが予想されています。人工知能も情報化によって発達してきていて、様々な人間の職業が奪われてしまうのではないかという懸念もだんだん強くなってきていま

す。そういう中で、今私たちが見つめなければならないのは、人間としてこれから子供たちが社会の中でどのように力を発揮していけるのか。人工知能にできない、人間ならではのものをどのように示していけるのかというところが大きなポイントになるのではないかと思っています。人工知能はそうは言っても言語処理や、新しく言葉を表現していくというところは、比較的苦手だと聞いています。言葉の奥には思考があり、あるいは感性、情緒といったものがある。それから、言葉というのは一人だけではなくて、他者とコミュニケーションをとっていくということがあります。そういう文脈の中で適切な言葉とか自分の考えをきちんと伝える、そういう言葉の力というのは非常に重要だろうと思っています。

　次期学習指導要領に向け、国語ワーキンググループでは、現段階で6つの新科目が提案されています（▶p.213）。これまでの「現代文」や「古典」という枠組みは、先生方の発想をある意味縛ってしまっていたと思います。今回は、教材のジャンルではなく、その科目で一体どういう資質・能力を身に付けるべきかということをより明確にした科目名、あるいはそういうコンセプトでの科目構成が提案されています。特に必履修科目の中で、「現代の国語（仮称）」、「言語文化（仮称）」と二つの科目に分けているというのは、日本人全員が身に付けておかなければいけない資質・能力をより明確にしていこうということです。具体的に科目の内容がどうなるかというのは今後の検討次第ですが、先生方も生徒さんも、「現代の国語」ではこうした力を身に付け、新しい社会に向けて頑張っていこう、「言語文化」では、我が国の一員としてこれまで享受してきた言語文化をしっかり継承していこう、といった意識を高めていくことが実現できればいいなと考えています。

高大接続改革を考える

幸田◆これから高校国語が変わらざるをえなくなっている大きな要因の一つに、高大接続改革があると思います。大学入試が大きく変わろうとしていることは高校の先生方にとってたいへんな衝撃だろうと思いますが、この点をどう受け止めるべきなのか、伺ってみたいと思います。

佐藤◆私は率直に言って肯定的に受け止めています。なぜ肯定的に受け止めたかといいますと、簡単に言えば、新しい学習指導要領を踏まえた思考力、判断力、表現力、ないしは知識などをはかるテストなので、そういう意味でこのテストが変わってもらえれば、まさに高校の指導する内容も変わるのではないかなという点で、まずは好意的

に受け止めています。

　特に「高等学校基礎学力テスト（仮称）」（▶ p.218）。あれがうまく活用できれば、高校の現場も変わるかもしれないと思っています。このテストでは、高校の必履修科目段階、途中段階での実際の実現状況が分かるわけです。もちろんそれによって生徒の学力も分かるのですが、それをうまく活用すれば、同時に我々教員の指導が適切かどうか、これがそこの段階で分かると思うんです。指導がうまくいっていれば、当然それを継続していく。もし十分でない場合はその指導の改善、評価の改善、それが進むんじゃないかなと考えています。

十文字◆私も佐藤先生が今おっしゃったとおり、基本的には肯定的に受け止めています。現行の、そして今後改訂される学習指導要領に沿った形での入試ということで、学習指導要領と大学入試の乖離というところが改善されるのではないかと、非常に期待を持って受け止めています。

河手◆私も肯定的に受け止めています。ただ、現場の先生方はものすごく大きな戸惑いを持っていますし、一方で、実現は本当にできるのかなとも思います。例えば採点の負担などを考えていくと、結局従来の入試とそんなに大きく変わらないのではないかと。だから、先走って新しい入試制度に向けた授業転換をしていくと、うちの学校だけが入試に置いていかれるのではないか、そういう不安を持っている先生方もかなりいるのは事実です。ただやはり、保護者の理解を求めたり、子どもたちの意識も変えていったりするために、大学入試が大きく変わると、高校の先生たちは授業改善に着手しやすくなると思います。

　また、教科横断的なカリキュラム・マネジメント（▶ p.217）についても、国語科だけで例えば論理的な文章を作るとか、そういうことだけではなくて、全ての教科で共通の理念をもって資質・能力を育てていかなければいけないんだということになるので、先生方もチームでやっていくということがかなり促進されるのではないかなと思っています。

小林◆日本国内の受験だけに目が行きがちですが、バカロレアの論文試験など世界に目を向けると、思考力・判断力・表現力を評価するということが大勢のように思います。そういうスタンダードを見ると、これはもうこういう方向で行くんだということを、我々現場の教員がしっかり考えるべきだと思っています。

大滝◆高大接続改革については、学習指導要領の改訂と高大接続改革ということが別個に存在したり、行われたりするというのではなくて、一体的に行

われるということが大きなポイントだろうと思います。

　入試と学習指導要領のダブルスタンダードだったものを一つにまとめ上げていくという点においては、教室で学んでいることがそのまま入試でも生かされる、試される。さらに、そこで学んだことが大学教育にも直結して生かされていく。そして、社会に必要な力をそれぞれの段階において確実に育てていくということをめざしていく。そういう中で、それなら、国語科はどう変わっていけるのかという視点を持っていく必要があると思います。子供が主体となって学ぶ力といったものをしっかり身に付けていく。そして、自分の問題として学んだことを今度は社会に出て、本当に発揮していく。そういうことにつなげていただくための国語科にならなければいけないということなんです。これからの時代に必要な力はこのようなものだから指導を変えていくんだということを、入試に役立つ、役立たないではなくて、今の段階から、高校として責任を持って育成していく必要があるのではないかと思っています。ある意味、高大接続改革の動きに翻弄されることなく、高校は高校として、そのまますぐ社会に出ていかれる生徒さんもかなりの割合でいますから、そういうことも踏まえながら、改革を進めていくということが必要だろうと思っています。そうすることが、自然と高大接続ということにも生かされていくということだと。入試だけの動きにとらわれないということが必要だろうなと思います。

幸田◆ありがとうございました。この座談会は、本書の中では理論と実践をつなぐ、そういう位置付けになっております。まさに、今のお話が理論編と実践編の中間に位置するようになり、ふさわしいお話し合い、議論ができたのではないかというふうに思っています。

一同◆ありがとうございました。

実践編

実践編①　話すこと・聞くこと

分かりやすい話し方入門
―我が校の魅力を中学生に紹介する―

国語総合

1　授業実践のねらいと背景

　小中学校の授業の中で、生徒は話したり聞いたりする活動を多く経験し、その基本を身に付けて高校に入学している。話すことについて大きな抵抗を感じない生徒も多いだろうし、その内容や方法についても、順序立てて適切な言葉遣いで話すことが概ねできているだろう。いやむしろ、高校の授業においてそれを引き上げることができているのか、と考えると不安を感じる指導者も多いのではないか。

　高校で特に意識して身に付けさせるべき能力、技術としては、相手、目的に応じて適切な内容や表現、構成を考えて話すこと、また根拠となる事柄を示して説得力を高められるよう工夫することが考えられる。高校生は大学等での専門的な学習や、社会生活での言葉による様々なコミュニケーションを目前に控えている。指導者がこの目標を意識して指導にあたると同時に、生徒にも目標として明確に意識させることが重要である。親しい仲間内での話すこと、聞くことから、社会の中での話すこと、聞くことへとレベルアップさせる自覚を持つことが、授業への意欲向上ばかりでなく、高校生活をより有意義なものにすることにもつながるだろう。

【学校・学習者の状況】

　生徒は学業と部活動の両立に真摯に取り組む者が多く、生活上の問題はほとんどない。授業の状況は、課題、試験勉強も含め概ね良好であるが、進んで自分の考えを述べたり、主体的に学習計画を立てて実行したりすることが不得手という特徴も見られる。国語の授業での主体的・対話的で深い学びへの取り組み方においても、個人差、クラスによる差が大きく、学習への主体性、積極性を育むことが課題である。

2　単元指導計画

【科目】国語総合　　【実施時期】1年生1学期
【学習活動の概要】

1 単元名　分かりやすい話し方入門

2 単元の目標
・目的や場に応じて、効果的に話そうとする。（関心・意欲・態度） ・目的や場に応じて、効果的に話す。（話す・聞く能力）指導事項A(1)イ ・国語における表現の特色及び言語の役割などを理解している。（知識・理解）

3 取り上げる言語活動と教材
(1)言語活動　中学生を対象に我が校の魅力をグループで紹介する。 (2)教材　　　ワークシート、学校紹介等の映像、学校のパンフレット

4 単元の具体的な評価規準

関心・意欲・態度	話す・聞く能力	知識・理解
内容がよく伝わるよう、根拠を明確にし、資料の用い方を工夫して分かりやすく話そうとしている。	内容がよく伝わるよう、根拠を明確にし、資料の用い方を工夫して分かりやすく話している。	言語運用が個人や社会の中で果たしている役割を理解している。

5 単元の指導計画

次	学習活動	言語活動に関する指導上の留意点
第1次	1. 活動全体の説明を行う。 2. 名スピーチや学校紹介の映像を見る。 3. グループに分かれて、良い紹介の仕方について話し合い、発表する。	・目標と評価規準を明らかにする。 ・中学生の視点で考えさせる。 ・工夫する点を自覚させる。
第2次	1. 自分たちの紹介内容と方法について話し合う。 2. 発表用の資料を作成する。 3. 紹介のリハーサルを行う。	・内容や方法を調整させる。
第3次	1. グループ毎に前に出て紹介を行う。	・相互評価しながら聞かせる。
第4次	1. グループ毎に紹介について振り返りを行う。 2. 活動全体の振り返りを行う。	・他グループの良い点を学び、次回の活動に生かすようにさせる。

3 全体の授業の流れと指導・評価のポイント

◉事前準備について

1 話し方や内容を具体的にイメージできるよう、参考映像、資料等を用意するとよい。 ❗ポイント❶ ▶ p.092　今回は第1次で用いる映像教材として、本校の学校説明会で上映した映像（卒業生が本校をPRしている）、滝川クリステルによる東京オリンピック招致「おもてなし」スピーチ映像、スティーブ・ジョブズによるiPhoneのプレゼンテーション映像を用意した。また、第2次で紹介内容を考え、資料を作成するときの参考として、本校のパンフレットを各グループに1冊ずつ準備し配布した。

2 生徒に各時の見通しを持たせるために、各時の活動内容を記した模造紙大の掲示物を作成し、黒板に掲示した。 ❗ポイント❷ ▶ p.093

3 段階的（意識的・方法的）に紹介内容を考えたり資料を作成したりできるよう、ワークシート、振り返りシートを用意した。（4点、内2点 ▶ p.091）

	学習活動	指導・評価のポイント
第1次（1時限）	1 活動全体の説明を行う。 (1)身に付けたい力を明確にする。 (2)活動の意義を理解させる。 (3)評価規準を示す。 2 名スピーチや学校紹介の映像を見る。 　気付いたことをメモする。 3 グループに分かれて、良い紹介の仕方について考える。 　4～5人のグループを作り、中学生にわかりやすい紹介（内容・方法）がどういうものか話し合う。 4 話し合ったことを発表する。 　代表が発表し、他の生徒はメモしながら聞く。	1 この活動で身に付ける力が、大学や社会で役に立つことを理解させ、意欲を高める。 3 中学生の視点で考えさせることが重要。 評価規準 内容がよく伝わるよう、根拠を明確にし、資料の用い方を工夫して分かりやすく話そうとしている。（関心・意欲・態度） 評価方法 行動の観察
第2次（2～4時限）	1 自分たちの紹介内容と方法について話し合う。 (1)ワークシートを用いて話し合う。 ①内容と根拠・資料を関連させながらアイデアを出し合う。 ②紹介内容全体のキャッチフレーズを付ける。 ③方法で特に留意、工夫する点を確認し、グループの名前に入れる。 ④紹介の構成、分担を決め各自で内容を考える。	1 (1)ワークシート ▶ p.091 ①参考資料（パンフレット）を与える。 ②紹介に統一性を持たせる。 ②③により自グループの方法を意識化させる。

第2次（2〜4時限）	2　発表用の資料を作成する。 　　根拠となる資料を作成しA4用紙1枚にまとめる。 3　紹介のリハーサルを行う。 (1)グループ毎に、紹介のリハーサルを行う。 ①紹介の手順、資料の用い方を確認する。 ②話し方を相互にチェック、アドバイスする。 (2)必要があれば発表内容や資料を調整する。	2　今回は紙資料とし、必ず作成させる。アンケートや調査は課題とする。 評価規準　内容がよく伝わるよう、根拠を明確にし、資料の用い方を工夫して分かりやすく話している。（話す・聞く能力） 評価方法　行動の分析

実践例 ▶ pp.086〜087

第3次（5時限）	1　グループ毎に前に出て紹介を行う。 (1)一人1分を目安に各グループ4〜5分で紹介する。 (2)聞く側は、紹介の内容、方法について、良かった点、改善点を評価票に記入する（1分程度）。 (3)すべてのグループの紹介が終わったところで、最も良かったと思うグループを投票する。	1　(1)振り返り用に相互に撮影する。 (2)評価票は次時本人たちに渡す。 評価規準　内容がよく伝わるよう、根拠を明確にし、資料の用い方を工夫して分かりやすく話している。（話す・聞く能力） 評価方法　行動の分析
第4次（6時限）	1　グループ毎に紹介について振り返りを行う。 (1)振り返りシートを配布しグループごとに、評価票と映像を用いて自分たちの紹介を振り返る。 (2)最も良かったグループの紹介について検討する。 (3)(2)のうち良い点を模倣して話し、グループ内で相互に言葉に対する考え方の変化を述べ合う。 2　各自で活動全体の振り返りを行う。	1　(1)振り返りシート ▶ p.091 (2)教師も気付いたことを指摘する。 評価規準　言語運用が個人や社会の中で果たしている役割を理解している。（知識・理解） 評価方法　記述の分析

実践例 ▶ p.088

4 授業実践の実際

第2次（2時限目）

●指導目標
1 分かりやすい紹介となるよう、グループ全員でアイデアを出す。
2 自分たちの内容、方法の工夫点を意識化する。

●本時の展開
1 自分たちの紹介内容と方法について話し合う。
2 話し合ったことについて発表する。

指導の留意点 始めから内容を決めてしまわずに、アイデアを多く出し合った中から選択、融合させるというブレーンストーミングの過程を経験させる。

●指導の実際

教師 今回の活動の目標は目的や相手に応じて、分かりやすく、根拠を明確にしながら話すこと。前時はそれを踏まえて、中学生への適切な内容と方法について話し合った。今日は自分たちの学校紹介について本格的に話し合うので、目標を意識しながら全員で協力して活動しよう。

あらかじめグループごとに着席させておき、目標を再確認する（この目標を見失うと、仲間向けの「発表のための発表」に陥りやすい）。また本時の活動内容を前に掲示し、見通しを持たせた。

1 自分たちの紹介内容と方法について話し合う。

教師 ワークシートを用いてグループ毎に話し合いを行う。内容と、その根拠とすることを併せて考えよう。全員で協力して様々なアイデアを出し、その中から内容を決めよう。 ！ポイント2 ▶ p.093

ワークシート（▶ p.091）は各グループに1枚配布した。また参考資料とする学校パンフレットを1部ずつ与えた。教師は机間巡視を行い、話し合いの様子やワークシートの進行状況（STEP1〜3）を観察、また支援した。

〈活動時の生徒の様子と支援の例〉

STEP1：アイデアを出し合う
- どこのグループも内容が似通っている→自分たちならではの個性的な内容も挙げてみるよう全体に助言。　⚠️ポイント❸ ▶ p.093
- 根拠の欄が空白、曖昧→「その内容を紹介するときに、どういうことを聞けば中学生は納得するのか」と発問し話し合わせる。
- 根拠として適切とは言えない資料を考えている（例えば、アクセスの良さを説明するための資料としての地図の使用や、学校行事の魅力を紹介するために行事予定を使用など）→「そのことについて他校と比較できるデータを資料として作れないか」と助言。
- 主観的に感じている魅力だから根拠を示せない→具体的な経験として話すのも根拠となることを助言。

STEP2：紹介内容を決定する
- 出し合ったアイデアの中からいくつ選択するかはグループに任せ、「様々な観点から話すのもよい」「一つにしぼって詳しく話すという方法もある」など、グループの考えを認める声かけを積極的に行った。
- 内容のキャッチフレーズづくりでは、そのままでは伝わりにくい表現も見られたが、紹介の中でそれを伝えていくと考えていたので認めた。

STEP3：紹介の方法について、話し方や演出など特に工夫する点を話し合う
- 名付けに苦労しているグループには、留意点として発表させた（それ自体が目的ではないため）。

※教師側の意図とは異なる方向の考えも出てきたが、振り返りの中で他のグループと比較させながら検討させたいと考え、介入しすぎないように留意した。

2　話し合ったことについて発表する。

教師　グループ名→内容→キャッチフレーズ→方法の順で発表しよう。ここでもクラスの皆に伝わるような話し方を意識しよう。

　挙手による発表を促した。前時とは別の者が発表するよう指示した。
　発表後、次時には紹介の構成と分担を考えることを予告した。また根拠としてアンケートや調査を行うグループは、準備を始めるよう指示した。

第４次（６時限目）

◉指導目標
1　自他の紹介を比較して、分かりやすい話し方についての理解を深める。
2　「話すこと・聞くこと」の活動について、自身の課題を明らかにする。

◉本時の展開
1　グループ毎に紹介について振り返りを行う。
2　各自で活動全体の振り返りを行う。

指導の留意点　自他の発表（【第３次（５時限目）実際の発表】▶p.090）を教材にして学ぶ、この単元で最も有意義な活動である。

◉指導の実際
1　グループ毎に紹介について振り返りを行う。

教師　活動の最初に示した目標に基づいて、グループ・個人として良くできたところとできなかったところを振り返り、終わったらＡ・Ｂ・Ｃで自己評価しよう。

　振り返りシート（▶p.091）を各自に配布。グループ毎に、相互評価票、撮影した映像を用いて振り返りに取り組ませた（20分程度）。生徒にとっては相互評価票に書かれている指摘が何より参考になる。話す早さや表情、声の大きさ、視線などの技能面のほか「言葉遣いが幼すぎる」「資料が生かされていなかった」などの指摘もあった。次に、評価が高かったグループの映像を見て良い点（特に自分たちとの違い）を確認させた（シート中の２）。

教師　他のグループの良い点を、自分の話に置き換えて真似てみよう。グループ内で一人ずつ話し、他の人は自らが用いている言葉に対する考えがどのように変わったか言ってあげよう。　❗ポイント❸　▶p.093

　各自で練習させてから、一人ずつ話して相互に自らが用いている言葉に対する考えの変化を述べ合わせた。多くの生徒は、表情や視線、資料の生かし方を修正し、ちょっとしたことで印象が変わることを確認した。

2　各自で活動全体の振り返りを行う。
　グループを解いて各自で振り返りシートに取り組ませ、提出させた。

5　授業実践の成果と課題

　「自校の魅力を話す」という活動を高校1年生が行うことには、「入学して間もなく、知識や体験が不十分ではないか」という否定的な見方もあるだろう。たしかに高校生活をひととおり経験した上級生が話せば充実した内容になるのだろうが、1年生が行う「話すこと・聞くこと」入門としては、比較的身近な他者である中学生を話す相手と設定し、内容も自分の身の回りのこととしたほうが取り組みやすい。中学生の興味関心のありかや、話を聞いたときの感じ方、そして魅力を伝えるためにはどのように構成や表現を工夫すれば有効なのか、一年前の自分を思い起こしながら、現在の高校生活を言葉にしていくことが肝要となる。

　次期学習指導要領の方向性の中では、国語で理解したり表現したりするための力の一側面として「他者とのコミュニケーションの側面」が挙げられ、「言葉を通じて伝え合う力」「構成・表現形式を評価する力」を育成すべき資質・能力としている。本実践では、「わかりやすい話し方」ということについて、目的と相手に応じて話す〈技能面〉と、資料など根拠を示して話す〈内容面〉から考えたり判断したりできるよう、ワークシート・振り返りシートを構成した。話し合いから発表、振り返りまでの単元全体を通じて、国語科のめざす資質・能力育成の第一歩となったのではないかと考えている。

　課題としては、今回はグループ発表としたため、話し合いを効率よく集中して進められないグループでは各活動が時間内で収まらなかったこと、同様に根拠とする資料の作成についても十分に取り組めないグループが多くあったことが挙げられる。特に資料作成については、他の単元での言語活動に取り入れ、論理的思考力と関連付けながら身に付けさせる必要性を感じた。また、どのグループも、授業、部活動、学校行事、立地条件、進学実績など、似通った紹介内容となってしまったことも課題となった。しかしそのことで、用いる資料や構成・表現形式について、自他の比較と評価がかえって行いやすくなり、感じたり学んだりしたことを、次の学習活動に向かう力へとつなげられた生徒が多かったのも事実である。そのように自分たちの学びや活動を相対化しながら、言葉の働きを理解し言語運用能力を向上させてゆくところに、自主的な学習のあり方が見えてくるものと思われる。　　　　（折居　篤）

【第3次 (5時限目) 実際の発表】(平均的なレベル。生徒が話したままに記した)

〈使用した資料の内容〉「HHS」というキャッチフレーズ、紹介する項目 (授業・先生・学園祭) および授業と学園祭についてのアンケート結果 (前年度生徒に実施したもの)

生徒A みなさんこんにちは。突然ですが「SSH」はスーパーサイエンスハイスクールの略で知っていると思いますが「HHS」とは何だと思いますか。(間をとって考えさせる。) ちなみにSSHはサイエンスを学ぶ生徒をサポートするということで、7月には鹿児島にサイエンスツアーに行っています。「HHS」とは私たちが考えた本校のキャッチフレーズで、「ハイブリッドハイスクール」。ではこのことを今から説明したいと思います。

生徒B 一つ目は授業がわかりやすいところです。本校では一人一人が楽しくより理解できるように、クラスを二つに分けている授業があります。これにより、一人ひとりが質問しやすい環境となって積極的に自分から授業を受けることができます。手元にある資料を見てもらえればわかるとおり、全校生徒の84％が「授業に真剣に取り組んでいる」と答えています。僕も中学校の時より、自主的に勉強に取り組めるようになりました。

生徒C 二つ目は、先生がすごく親しみやすいということです。本校の先生方はとても話しやすい方が多くて、自分から話しかけられなくても、先生の方から来てくれることが多いので人見知りの人も仲良くできます。先生との良い信頼関係も築くことができます。私もさまざまな行事に先生方と一緒に取り組んでいます。

生徒D 三つ目は学園祭で他学年と仲良くなれることです。本校では各学年を6つの色に分けて同じ色の他学年とチームを組みます。1日目は1年生の合唱と2年生のダンス、2日目は体育祭で、チームで協力して競います。3日目は (3年生が) オリジナルの劇をします。どれも見応えがあります。資料を見てください。「学園祭は楽しいか」というアンケートで9割以上の人が「はい」と答えています。学園祭を通してクラス、学年、全校の絆を深められます。

生徒E 以上の三つが、私たちの考えた「HHS」です。本校ではこの三つだけではなく、勉強や部活動などもハイブリッドにこなすことができます。そうすることで人生に一度の高校生活がより充実したものになるはずです。そんな本校で、皆さんもハイブリッドハイスクールを送ってみませんか。以上で終わります。

【ワークシート】

「わかりやすい話し方」―我が校の魅力を中学生に紹介する―
自分たちが行う紹介の内容と方法を考えよう

ワークシート2 グループ用

STEP1 アイデアを出し合う

「魅力として紹介したいこと」	(内容)	「根拠とすること(資料)」など
①	部活動	活動実績、アンケート？
②	勉強	進学率、進学状況
③	交通面	駅から近い
④	人柄が良い	大村先生
⑤	学校行事	アンケート？体験談
⑥		

STEP2 紹介内容を決定する
上の表の紹介したいことに丸をつける→ 僕らの青春

STEP3 紹介の方法について、話し方や演出など特に工夫する点を話し合う
・若者に敬を入れる
・笑顔
・体験談、アンケート
→このことを入れたグループ名をつくろう アンケートハンター

【振り返りシート】

「わかりやすい話し方」振り返りシート 名前(   ) 総合自己評価 A・Ⓑ・C

1 自分たちの紹介を振り返って

(1) 目的と相手に応じた話し方(技能面)   自己評価 A・Ⓑ・C

	グループとして	自分個人として
うまくできた点	話の内容が良い	噛まずに話せた
できなかった点	ジェスチャーの導入	準備不足

(2) 資料など根拠を示した話し方(内容面)   自己評価 A・Ⓑ・C

	グループとして	自分個人として
うまくできた点	伝えたいことを分かりやすくまとめられた	最後の話がうまくまとめられた
できなかった点	深入りしなかったところがあった	うまかった

2 高評価グループの良かった点
 語り口調がよいのがあり、ジェスチャーがおもしろい、話にとても楽しい

3 準備段階の活動を振り返って

話し合い	話し方への指摘が入り、いいスピードだった
資料作成	切り口を工夫してくれて、分かりやすかった
リハーサル	参加できず本番の方がよかったが、メンバーが申し訳なかった

4 今後の自分自身の課題
 話し方や表情も時にはその場の雰囲気に合わせてチェンジするようにしたい

この実践ここがポイント❗

■授業の解説

　「話すこと・聞くこと」についての課題の一つは、依然として、「書くこと」や「読むこと」の指導事項を指導する際の言語活動を、「話すこと・聞くこと」の指導と混同しているケースが見られることである。話したり聞いたりする言語活動が目的化してしまい、言語活動そのものが評価の対象となっているような場合である。また、国語科は教科の特性から、指導内容の系統が他教科に比べ明確とは言い難い面があり、特に、「話すこと・聞くこと」においては、小中学校において学習していることを高校でも評価の対象とする場面が見られることも課題である。小中学校でどのような学習をして高校に進学してきているかについて、あまり認識されていないこともあるが、「話すこと・聞くこと」があまりにも日常的な行為であることや、言葉そのものを学習対象とするという国語科の特質についての意識が薄いため、付けたい力やそのための適切な活動や評価について、発達段階に応じて具体的なイメージをもって取り組む例が少ない。

　本実践は「分かりやすい話し方」について実践を通して考える取り組みである。話したり聞いたりする技能や、**言葉の働きや役割に関する理解**といった知識を身に付けるだけではなく、相手との関係や目的、場面、文脈、状況等の理解のもとに、**自分の意志や主張を伝達する力**をはじめとする思考力・判断力・表現力を磨くこともめざしている。

　工夫の一つは、社会で話題になったスピーチや、実際に活用されているパンフレットを一つのモデルとして示すことで、社会人として活躍していく上で必要な表現力についての見通しを生徒に持たせているとともに、指導者間でも具体的なイメージを共有することができている点である。　❗ポイント❶ ▶ p.084
このことで、1年生の1学期という発達段階を考慮して目標・評価が焦点化され、実践の効果が高まったと考える。さらに、指導者が意識的に繰り返し目標を確認し、見通しを意識させることで、助言等の介入を適切に行うことができており、生徒が自分の力で目標を達成できたと実感できるような、指導と評価の一体化が図られた授業になっている。

　また、授業の流れを模造紙大で掲示したり、ブレーンストーミングの過程

をワークシートに記入したりすることで、情報を可視化し、見通しと振り返りを行いやすくする工夫 ⚠️ポイント❷ ▶ p.084、086、発言の機会を持てるような交流や発表のさせ方、空白の時間を作らず集中を持続させるように活動に変化を持たせ、授業内容を作業化・動作化するなど授業への参加促進の工夫等の授業展開の技術もすぐれている。

考えを形成し深める力にもつながる「聞くこと」に注目してみると、似通ってしまいがちな内容に対して自分たちならではの個性的な内容にこだわらせる取り組みや、良かったグループの模倣をさせながら自分たちのグループとの印象の変化を述べ合う活動は、人の話を自分の考えと比べながら意識的に聞く力を付けることに有効であり、メタ的な能力の育成に資する取り組みと考える。 ⚠️ポイント❸ ▶ p.087、088

聞き手の置かれた状況から聞き手が求めている情報や、聞き手が理解できる表現とはどのようなものかを考えたり、論拠となるものは客観的かつ明確であることが求められることに気付いたりして、「わかりやすい」とはどういうことなのかを、自分たちの言葉で整理できたことは、今後、「優れた表現に接してその条件を考えたりして、自分の表現に役立て、ものの見方、感じ方、考え方を豊かにしていく」国語科の学びにつながっていくと考える。

■**今後の展望**

本実践のように、実社会・実生活における具体的な場面を想定した授業を行うことで、その学校毎に発達段階に応じて付けるべき力が明確になると考える。また、国語の授業が、実社会の視点から新たな考えを創造する力を高めるものであることを生徒に意識させることは、主体的に学ぶ態度の育成にもつながる。その過程で、相手や状況に応じて適切に言語を扱うことができるよう、言葉の意味、働き、使い方等に着目して、語彙の習得、語彙の構造、敬語表現等の学習を行うことが必要であろう。

（河手由美香）

実践編②　書くこと

想像力を広げて物語を創ろう
―ポストイットを用いたショートストーリー作り―

現代文B

1　授業実践のねらいと背景

　「書くこと」を踏まえた授業としては、示された文章に対する考えを整理する、発表のために意見を記録しまとめる、といった学習活動を行うことが多い。これらはあらかじめ示されている文章の論旨や手順に従って筋道がある程度定まっており、「よりよいものは何か」ということが明確である。一方、「物語の創作」となると、何も書かれていない原稿用紙から作り上げていかなければならず、出来上がった作品も多様となり、一つの正解を知りたがる傾向のある生徒は「創作」を難しいものと感じている。

　本実践では、「難しい」「できない」と捉えている創作を、生徒それぞれが創り上げることを目標として、活動が円滑に進むようにワークブックで創作の基本を確認して知識の確認と活用を促し、グループワークを取り入れることで他者と協働して課題を解決していくこと、また、ポストイットを用いることで考えの比較・検討による創造力の広がりをねらいとした。

　作品を創り上げることは生徒に達成感を与え、作品を相互評価することで「どうすればよりよい創作となるか」「どのような表現が効果的か」を実感し、創作への考えを深めることができる。また、創作を通して、探究して学習する姿勢を持たせ、今後の「読むこと」を深化させる契機としたい。

【学校・学習者の状況】

　本校は、3年制普通科の高校であり、4年制大学への進学を希望する者がほとんどである。グループワークの際には活発に発言する生徒も多く、発言を臆する生徒は少ない。しかし、活動を楽しめても、深く考え他者と比較しよりよい答えを創り出す活動となってはいない。本実践ではねらいとなる力を身に付ける活動となるよう、学習のポイントを生徒自身に意識させたい。

2 単元指導計画

【科目】現代文B　　【実施時期】2年生1学期
【学習活動の概要】

1 単元名　想像力を広げて物語を創ろう
2 単元の目標 ・よりよい作品を創るために自分の考えを効果的に表現しようとする。(関心・意欲・態度) ・よりよい作品を創るために自分の考えを効果的に表現する。(書く能力) 指導事項(1)エ ・目的に応じた表現の特色や効果について理解する。(知識・理解)
3 取り上げる言語活動と教材 (1)言語活動　グループで話し合い、課題解決のために必要なことを検討する。 (2)教材　　　創作学習ワークブック、ポストイット

4 単元の具体的な評価規準

関心・意欲・態度	書く能力	知識・理解
協働によって得た知識や発想を踏まえて、表現を工夫しようとしている。	協働によって得た知識や発想を踏まえて、表現を工夫している。	自己評価と相互評価を活用し、表現の仕方への理解を深めている。

5 単元の指導計画

次	学習活動	言語活動に関する指導上の留意点
第1次	1. 活動全体の見通しを持つ。 2. グループに分かれてアイデアを出す。 3. 出されたアイデアをグループで検討する。 4. 自分の創作の構成を考える。	・多くのアイデアを出すことが重要であると指示する。 ・検討が単なる取捨選択にならないよう、組み合わせるだけでなく、アイデアの追加を促す。
第2次	1. 構成案をもとに創作する。	
第3次	1. 創作物を交換し、互いに評価する。 2. 全体のまとめを行う。	・評価を恐れないように、どう評価していくかを示す。

3　全体の授業の流れと指導・評価のポイント

●事前準備について

1. ここまでの学習で、表現や情景描写に関してある程度の知識を持っておく必要がある。
2. 成果としての創作物だけではなく、途中の活動についても評価できるように、ワークブック（▶p.101、103）等の準備を検討しておきたい。
3. グループ活動と個人での活動が頻繁に入れ替わるので、切り替えの指示を明確にし、時間を有効に使うための工夫を行いたい。

	学習活動	指導・評価のポイント
第1次（1～2時限）	1　活動全体の見通しを持つ。 (1)活動の目標を把握し、活動全体の見通しを持つ。 (2)「活動に対する評価」の規準を理解する。 2　グループに分かれてアイデアを出す。 (1)創作のために必要なことを確認する。 ①ワークブックを利用して、まずは個人で考え、グループで話し合い意見を共有する。グループの代表者は出た意見を黒板に書き、全体で共有する。 ②今回の創作で特に意識すべきことをワークブックに書き入れる。 (2)ポストイットを用いて、構成のアイデアを出す。 3　出されたアイデアをグループで検討する。 (1)グループで四つの構成例をつくる。 　　ポストイットを動かし、様々な組み合わせを考える。必要であればアイデアを追加する。 4　自分の創作の構想を練る。	1　(1)(2)活動の見通しとそれに対する評価を示すことで、これからの学習に意識して取り組ませる。 2　(1)①ワークブック①▶p.103 (1)②ワークブック②▶p.103 「①」の活動では多様な意見が挙げられると想定できるので、創作を進めやすくするために、今回の創作のポイントを示す。 2　(2)ワークシート▶p.103 評価規準　協働によって得た知識や発想を踏まえて、表現を工夫しようとしている。(関心・意欲・態度) 評価方法　行動の観察／記述の点検 3　ワークシート（追加）▶p.103 (1)自分と他人のアイデアを組み合わせて、新たな発見や追加を促す。 4　悩んでいる生徒がいる場合、適宜助言を行う。

実践例　▶pp.098～099

第2次（3時限）	1　構成案をもとに創作する。 (1)構成案と今回の創作のポイントを確認し、創作する。	1　進捗の早い生徒、遅い生徒それぞれに助言を与える。 評価規準　協働によって得た知識や発想を踏まえて、表現を工夫している。（書く能力） 評価方法　記述の確認
第3次（4時限）	1　創作物を交換し、互いに評価する。 (1)ポストイットを用いて評価する。 　改善につながるよう、前向きかつ具体的な評価を行う。 (2)自分の創作がどのように評価されたかを確認する。 　創作、他作品への評価を経て、もう一度自分の創作を振り返り、よりよい創作への考えを深める。 2　全体のまとめを行う。 (1)ワークブックを利用して、学習全体の振り返りと改善点を確認する。	1　(1)積極的に評価できるように、どのように評価するのかを全体で確認してから活動に入る。 評価規準　自己評価と相互評価を活用し、表現の仕方への理解を深めている。（知識・理解） 評価方法　行動の観察／記述の分析 2　(1)ワークブック（創作学習のまとめ）▶ p.101

実践例 ▶ pp.100〜101

4 授業実践の実際

第1次（1〜2時限目）

◉**指導目標**

1 グループワークによって他者と協働し、創造力を広げる。

◉**本時の展開**

1 活動全体の見通しを持つ。
2 グループに分かれてアイデアを出す。
3 出されたアイデアをグループで検討する。
4 自分の創作の構想を練る。

指導の留意点▶ 今回の学習ではいくつか条件を付けるが、創作は本来自由である点を伝えておく。

◉**指導の実際**

1　活動全体の見通しを持つ。

教師　これから全4時間で「創作学習」を行う。ワークブックを開いて「目標」と「評価」を確認しよう。

　ワークブックを配布した上で、全体の時間数と目標、評価を確認し、どのくらいの時間で、何を、どのように行うかの見通しを持たせた。

目標：ショートストーリー（2000字程度）を創作する。仲間と協力し、よりよい創作に必要なことを探る。

評価：ショートストーリーを完成させることができたか。／自分・他人に対する評価が行えているか。／創作活動に対して考えを深めることができたか。

教師　活動の際には、ワークブックに記載された評価規準を確認して取り組もう。活動が終わるたびに自己評価も行うので必ず確認しよう。

　楽しむだけの活動とならないように、その活動で何をすべきかを意識させるようにした。

2　グループに分かれてアイデアを出す。

教師　ワークブックに従って進めていく。最初にこれまでの学習を参考として小説に必要なものを考えてみよう。

それぞれで考え、ワークブック①（▶p.103）に記入。その後、4人程度のグループに分け、グループで共有する。代表者に黒板へ記入させる。
　予想通り様々な考えが出るが、それぞれに対してコメントしつつ、今回の創作ではポイントを絞ることを伝え、まとめる（ワークブック②▶p.103）。

〈今回の創作のポイント〉
　・何かに対する葛藤をテーマとすること
　・これまでの学習で得た表現技法を入れること
　・心理を踏まえた情景描写を入れること

　次に、登場人物・葛藤・終わり方のアイデアを、ポストイットを用いてワークシート（▶p.103）へ貼っていく活動を行った。ここでは大量にアイデアを出すことが重要だと伝え、机間巡視による助言を行った。

3　出されたアイデアをグループで検討する。

　アイデアが集まってきた頃を目途に追加のワークシート（▶p.103）を配布した。ポストイットを動かすことで出てきたアイデアを組み替え、さらにそこから発想を広げてアイデアを追加し、グループ案を四つにまとめる活動へと進むように指示を与えた。

　<u>2の活動で出たものをそのままグループ案とするのではなく、アイデアの組み換えや、既存のアイデアに繋がるアイデアの追加を積極的に行うよう指示した。</u>

!ポイント1 ▶p.106

4　自分の創作の構想を練る。

教師　それでは、<u>ここまでのアイデアを参考としてそれぞれ自分の書く作品について構想を練っていこう。</u> !ポイント2 ▶p.106

　2、3の活動を踏まえて、各個人がどのような作品を書くか考える。
　個人による作業スピードの差が出てしまうので、進んでいる生徒にはより細かい設定を考えるように指示し、遅れている生徒に目を配り、助言した。

第3次（4時限目）

●**指導目標**
1　創作を経験し、互いに評価を行うことで創作に対する理解を深める。

●**本時の展開**
1　創作物を交換し、互いに評価する。
2　全体のまとめを行う。

指導の留意点　他人に対する評価と、それを踏まえての学習のまとめを行うために、全員が「作品を評価する」という活動を行えるよう、机間指導によって適宜アドバイスをする。

●**指導の実際**
1　**創作物を交換し、互いに評価する。**

教師　前時に書いた作品をお互いに評価しよう。

　3色のポストイットを配布し、評価方法について注意を行った。

〈評価について〉

・良い点は【赤】
・改善すればもっと良くなると思う点は【青】
・質問疑問は【黄】
・できるだけ具体的に示す。

　評価しない、ということは一番冷たいことであると伝え、読んだ作品について必ず評価することを意識させた。ワークブックに「他人の作品を評価できた」という評価基準があることも確認し、積極的に評価することを促した。

　5分程度を目途として、次々と作品を評価していった。教師は机間指導を行い、それぞれの生徒が評価を行えるよう、助言を行った。生徒は興味を持って他者の作品を読み、評価も積極的に行えていた。特に「表現」に関して多くの感想・質問を持っているようであった。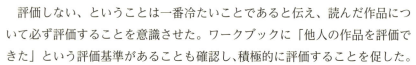　p.106　順次交換しながら読んでいくことで、原稿用紙に3色のポストイットが多数貼られていった。

教師　自分の作品に対しての評価を確認しよう。

複数のポストイットが付けられた作品をそれぞれの手元に戻し、評価を確認させた。

　生徒は自分の書いた作品が他人にどのように評価されたかを楽しみにしているようで、真剣に評価を読む姿が確認できた。このときに、感想が書かれているだけのものにならないよう、前の活動の際、なるべく３色用いるよう指導した。

2　全体のまとめを行う。

教師　ワークブックに今回の学習のまとめを記入しよう。

　ワークブックに今回の学習のまとめを記入させた。ただの感想になってしまわないよう、途中の自己評価や他人からの評価を再確認してどうすれば改善できるかを考えさせた。

〈創作学習のまとめ〉
・学習を通しての感想
・学習に対する自分の取り組みの改善点（自己評価を参考として）
・よりよい創作のために必要だと思うこと（他人の作品を読んで、または他人からの評価をヒントとして）

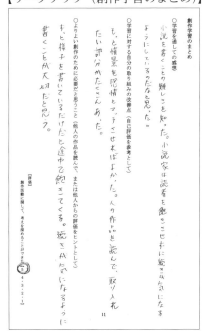
【ワークブック（創作学習のまとめ）】

　また、「創作活動に関して考えを深めることができた」という評価項目を設置し、自己評価を行わせた。

　まとめによると、ほとんどの生徒は学習の目標を達成しており、改善点の分析や、よりよい創作について考えを深めることができていた。特に、自分の作品を評価されること、他人の作品を読むことに刺激された意見が多く、「もっとこうすればよかった」「〜という表現が上手かった」というように、他人との関わりによって意欲を得ていることが分かった。

5　授業実践の成果と課題

　この授業を通して生徒は創作という課題に対して、どうすれば解決できるかを他者との協働によりヒントを得ながら創作し、相互評価による改善を考えることができた。個人的な活動である創作に対して、基本的な知識の確認とグループによるアイデアの創出を踏まえたことで、学習前に、創作は特別な行為であり自分にはできない、と捉えていた生徒も創作を書き上げ、自信を得ていた。苦心して創作を行い、それに対して即時的に、また相互に評価を行うことで、優れた表現の条件を考え、ものの見方、感じ方、考え方を豊かにすることができた。

　また、「表現」を実際に自分で使ってみることで、他者の「表現」にも敏感に反応するようになっていることが相互評価の内容から明らかとなった。このことは今後の読むことの指導に対しても有効である。

　教具として用いたポストイットは、3色用いたことにより、今出ている意見を視覚的に把握させ、意見の偏りを自分たちでチェックすることに役立っていた。また、アイデアを出し合う場面、組み替える場面では手軽さや張り替えることができるという面で効果的に用いることができた。

　課題としては、活動時間の確保と進行の工夫が挙げられる。各個人での創作の段階では、進捗に大きく個人差が生じ、教室内での指導が進捗に応じた指導となった。「書けない」という生徒が少なかったので対応はできたが、全体が書くことに抵抗のある集団の場合は、確認事項を増やし、スモールステップで一つずつ解決していくといった進行の工夫が必要ではないか。

　さらに発展させるなら、実際に創作を行ったあとに、発行されている創作物を読み、表現や特徴に対する気付きをまとめ、共有するような学習を考えたい。自分たちが苦労して書いたテーマや表現をどのように書きこんでいるのか、また、自分たちが実践した枠組みにははまらない創作を読むことで、創作に対する考えをより深めることができるのではないか。「書くこと」によって得た知識を「読むこと」に活用し、また、「書くこと」へと活かしていく学習が期待できる。

（西本　光）

【ワークブック①】

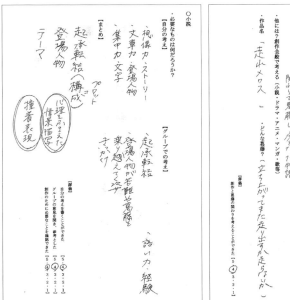

【ワークブック②】

【ワークシート】

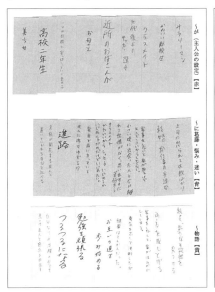

【追加のワークシート（グループ案）】

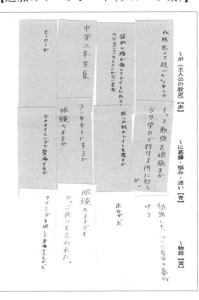

【生徒作品例「世界史」】

　夕暮れの青梅線に乗っていたはずが、いつのまにか外が明るくなっている。たしかに、部活が終わって電車に乗ったところまでは覚えていたのだ。隣には、一緒に帰っていた瀬谷が眠っていた。
「次はアレクサンダープラッツ―」
　日本語ではない言語で聞きなれない場所のアナウンスが車内に流れる。しかし、すんなりと耳に入り理解もできている。外を見るとヨーロッパの昔ながらの建物と、コンクリートによる重厚なビルが数棟。車内では、古臭い服を着た男女がうつむいていた。
「おい、起きろ。外を見ろ。」
　瀬谷を起こし、これまでの状況を説明した後、次の駅で降りることにした。
　ここはどこだ。停車した駅の案内板を、汚れた窓越しに見ると「東ベルリン地下鉄」と書いてある。アナウンスと同じように、書いてある文字も、読めないのに、読める。そうか、ここはドイツか。目に入ったホームにある日付は、一九八九年十月四日を示していた。
「タイムスリップだと、そんなバカな話あるか。」
　僕は信じられなかった。東ドイツ、歴史の授業で聞いたことがある。一九九〇年に地図から消えた国…。

「お前ら見慣れない顔だな。どこから来た。」
　駅員ではおそらくないであろう、長身でスマートではあるが、骨格がしっかりしている男がホームへと降りた僕たちに気づき、声をかけてきた。目は青、髪は金、いわゆる「外国人」だ。
　言葉が理解できることにはもう驚きもしない。日本からです、と二人で答えた。
「ここは外国人の入れないところだ。ついてこい。」
　そう言って歩き出した男を見て、一瞬の戸惑いはあったが足はすでに歩き出していた。
「でも、どうしてこんな国へ。」
　彼の名前はニコラスというらしい。略してニック。僕たちもわからない。と答えると、そりゃ不思議だ。何か目的を果たすために来たんじゃないのか。とニックは言った。目的とはなんだろう。そうこうしているうちに、他の家とは少し離れて建っている屋根の低い彼の家に着いた。
「ともかく、だ。君たちは危ない状況にある。警察に職務質問されたらすぐスパイ扱いでタイホ。君たちは我々と顔立ちも違う。しかし、外に出なくても、どこで監視されているかわからない。…俺はそんな国を変えようと思って活動しているんだ。」
　彼は僕たちがこれからどうするのか、様々な案を提示した後、明日までに考えておけ、と言い残して出て行った。残された部屋の小さい窓からは、いつもとは違う灰色の空と雲の間を見え隠れする太陽から、時折日が差し込んでいた。西へ向かおうとしているその傾きから、おそらく午後なのだと知ることもできた。
「僕はここに残るよ。なんとか隠れて、ここで暮らす。」
「そんなことできるか。俺はこんなところ出ていく。亡命する。」

東ドイツから、チェコを経てオーストリア、西ドイツへ亡命する人が増えているとニックは言っていた。しかしこれは、途中で見つかったら何をされるかわからない、危険な方法でもある。ワニがいる渓流に架けられた丸太橋を渡る勇気は、僕にはなかった。
　瀬谷は、いろんな方法で僕と亡命したいと言ってくれたが、国境にいる銃を構えた兵士のことを考えると、決断はできなかった。
　窓の外に目を凝らすと、遠くに暗く、長い帯状の影が蛇のように横たわっている。ああ、あれがかの有名な「壁」なのか。遠くにあるはずなのに、まるでテーブルの真ん中にあるように感じられた。

　どれくらいの時間、話しただろうか。日の光はずいぶん前から差し込まなくなり、部屋の中は壁から吊るされた電球によって照らされていた。外からは名前のわからない生き物たちの声が、かわるがわる聞こえていた。
「…仕方ないな。俺は一人で出ていくよ。今日の夜行でチェコまで行く。何とかやり過ごせるだろう。ニックも切符は準備できると言ってたからな。」
　二人で駅までの道を無言で歩いた。わずかな明かりが照らす暗い細い道をひたすら歩いた。部屋の中にいるときはあれほど聞こえた生き物のたちの声は、いまはもう聞こえなかった。それほど明るくもない、公衆トイレのような駅に着くと、ほどなく最終電車が駅に滑り込み、言葉を交わすこともなく瀬谷は乗り込んだ。二度と会えないかもしれない別れなのに、がっちりとした握手や抱擁はする気もおきなかった。ドラマや映画や小説だったら、感傷的なシーンなんだけどなぁ。意外とこんなもんなのか。ドアが閉まり、夜の街を一筋の線が切り裂いていった。

　翌日、差し込んでくる日差しに起こされた。目が覚めてくると、自分を起こしたのは日差しではなく、点けっぱなしにして寝てしまった電球だとわかった。状況を把握するのに少し時間がかかったが、なんとか昨日のことを思い出し、瀬谷は無事にたどり着いたのか、自分はこれからどうするのかをぼんやりと考えていた。その時、部屋に向かって走ってくる足音が聞こえた。部屋の前で止まることはなく、ドアを破る勢いでニックが飛び込んできた。
「おい、こっちへ来い、テレビを見ろ。」
　記者会見で気だるげな報道官が話している。
「出国はいつから自由になるのですか。」
「えーと、只今から、です。今から国外出国はすべて自由になります。」
　集まった群衆が「壁」を壊す。歴史が動いたのだ。

「お客さん、終点、ですよ。」
　気付くとそこは知っている駅名で、乗っているのも見知った電車だ。夢だったのかもしれない。おそらく夢だろう。しかし、自分もまた、歴史を刻む人間なのかもしれないと、彼は思った。

この実践ここがポイント❗

■授業の解説

　「高等学校学習指導要領解説国語編」では、「現代文B」の科目の性格について、「近代以降の文章を的確に理解する能力を高めることとともに、適切に表現する能力を高めることを新たに明示して、共通履修科目である「国語総合」の総合的な言語能力を育成する科目としての性格を発展させることを明確にした。」と述べられている。つまり、「現代文B」は、読む能力の育成を中心としながら、話す・聞く能力や書く能力についても育成することが求められている。本実践では、このことを踏まえ、読む能力の育成が重視されることの多い「現代文B」において、あえて書く能力の育成を中心とした単元としている点が特徴的である。また、本実践で育成する言語能力は、情報を収集、分析して資料などを作成し、**考えを効果的に表現する能力**である。これは、学習指導要領の指導事項の、「エ　目的や課題に応じて、収集した様々な情報を分析、整理して資料を作成し、自分の考えを効果的に表現すること。」に基づいている。

　本実践は、配当時間が４という少ない時数で構成された単元となっているが、第１次から第３次までの全てで、PISA型「読解力」を育成するプロセスを伴っている。PISA型「読解力」は、自らの目標を達成し、自らの知識と可能性を発達させ、効果的に社会に参加するために、書かれたテキストを理解し、利用し、熟考する能力と定義されている。そして、PISA型「読解力」の育成には、文章のような連続型テキスト、図表のような非連続型テキストから、「情報を取り出し、解釈し、熟考・評価し、論述する」という観点を設定している。本実践では、学習者から出されたアイデアをテキストとして、①そこに書かれた情報の取り出しだけでなく、理解・評価といった解釈・熟考を含んでいる点　❗ポイント1　▶p.099、②テキストを活用したり、テキストに基づいて自分の意見を論じたりするなどの活用を含んでいる点　❗ポイント2　▶p.099、③テキストの内容だけでなく、構造や形式や表現法も、評価すべき対象となっている点　❗ポイント3　▶p.100、PISA型「読解力」**育成のためのプロセスの特徴**を有していると考えられる。

■今後の展望

　中央教育審議会の国語ワーキンググループでは、国語教育の改善充実に向けて、国語科で育成すべき資質・能力について検討が行われた。そこでの検討事項である、育成すべき資質・能力の三つの柱を踏まえた、次のような力や態度が、本実践の学習活動を通じて、学習者に身に付くと考えられる。まずは、国語で理解したり表現したりするための力である「思考力・判断力・表現力等」の要素では、創造的思考とそれを支える論理的思考の側面としての、情報を多角的・多面的に精査し、構造化する力、感性・情緒の側面としての、構成・表現形式を評価する力、他者とのコミュニケーションの側面としての、個人または集団として考えを形成し深める力、などである。さらに、「学びに向かう力、人間性等」の要素では、言葉を通じて、自分のものの見方や考え方を深めようとするとともに、考えを伝え合うことで、集団の考えを発展させようとする態度、あるいは、様々な事象に触れたり体験したりして感じたことを言葉にすることで自覚するとともに、それらの言葉を互いに交流させることを通して、心を豊かにしようとする態度、などである。

　その結果、高等学校国語科の改訂の方向性で示されている、次期学習指導要領の以下の科目（いずれも仮称）に、本実践を発展させることも可能であると考える。まずは必履修でもある、実社会や実生活に生きて働く国語の能力を育成する「現代の国語」である。次に、選択科目としては、主として創造的思考とそれを支える論理的思考の側面から「思考力・判断力・表現力等」を育成する「論理国語」、主として感性・情緒の側面から「思考力・判断力・表現力等」を育成する「文学国語」、主として他者コミュニケーションの側面の側面から「思考力・判断力・表現力等」を育成する「国語表現」である。その際重視すべき点は、テキストの内容を読み取ることを中心とした指導ではなく、**テキストを用いて言語能力を育成することを重視した指導**であることは言うまでもない。

（佐藤和彦）

実践編③　書くこと

異論・反論を想定した小論文の書き方 ―学習者同士の交流・相互評価を通して―

国語表現

1 授業実践のねらいと背景

　グローバル化が進み、人々の価値観も多様化している今日において、課題解決のためには、自分とは異なる他者の主張や立場を踏まえた表現能力が求められる。異論・反論を想定した小論文の書き方を学ぶことは、このような社会で他者とともに共生していくための言語能力を身に付けることにつながる。課題に対する考えを深め、主張を支える根拠となるものを収集、整理し、それらを筋道立てて構成すること、そしてそれを他者に理解、納得してもらうこと、こうした論理的思考力を養成するのに小論文指導は有効である。

　今回の実践では、小論文とはどのようなものなのか、という基礎的事項の確認からはじまり、論題に対する意見の作り方（立論）、反論の想定の仕方、情報収集の仕方の指導に力点を置いた。特に立論の仕方と反論の想定の仕方は、学習者にとって身近な題材をいくつか与え、その方法の習得に多くの時間を割いた。なぜなら、方法の習得を評価の重点とすることで、単に論題に対する認識を深めることのみならず、そのような過程で磨かれ身に付いていく思考力や表現力が、先に述べたような今日の社会で生きていく力になると考えるからである。また、学習者同士の交流や相互評価を指導過程の要所に組み込むことで、協働的な学習として本実践を位置付けた。

【学校・学習者の状況】

　全ての教室に電子白板の導入、無線LAN化が整い、学習環境が大きく変化した。本授業は、高校3年生必修選択科目で行ったものである。学習者のほとんどが、本講座を希望して受講しているため、授業に対する取り組みは全体としては良い。なお、受講者は25名である。

2 単元指導計画

【科目】国語表現　　【実施時期】3年生1学期
【学習活動の概要】

1 単元名　異論・反論を想定した小論文の書き方
2 単元の目標 (1)主張が伝わるように論理の構成を工夫して書こうとする。(関心・意欲・態度) (2)主張が伝わるように論理の構成を工夫して書く。(書く能力)指導事項(1)ウ (3)論理の構成の仕方を理解する。(知識・理解)
3 取り上げる言語活動と教材 (1)言語活動　情報を収集、整理し、小論文にまとめる。 (2)教材　　　ワークシート
4 単元の具体的な評価規準

関心・意欲・態度	書く能力	知識・理解
異論・反論を想定しながら、自分の意見を筋道立てて書こうとしている。	異論・反論を想定しながら、自分の意見を筋道立てて書いている。	論理の構成の仕方を理解している。

5 単元の指導計画

次	学習活動	言語活動に関する指導上の留意点
第1次	1. 単元全体の説明をする。 2. 意見と根拠を短文で表現する。 3. いくつの論題を与え、立論、反論、主張を作成する。	・意見と根拠の区別が理解できているかどうかを確認する。 ・立論と主張の一貫性、立論に対して妥当な反論の想定ができているかを確認する。
第2次	1. 小論文の構成を理解する。 2. これまでの学習を踏まえ、構成メモを作成する。 3. 論題「18歳選挙権についてどう考えるか」に関わる情報収集を行う。	・これまでの学習とのつながりを確認する。段落構成、効果的な接続語の使い方を確認する。 ・論題に対する問題意識を喚起させる工夫を行う。 ・どのような情報や材料が必要なのか、きちんと選別できるように指導する。
第3次	1. 小論文を800字程度で作成する。 2. 作成した小論文を相互評価する。	・推敲の観点を示す。 ・相互評価の観点を示す。

3　全体の授業の流れと指導・評価のポイント

●事前準備について
1. 学習者同士が意見交流や相互評価をしやすい環境を整備する。
2. 情報の収集がしやすい環境をつくる。
3. ICTを有効に活用し、生徒の学習理解に供する工夫を行う。
4. ワークシートを用意する。

	学習活動	指導・評価のポイント
第1次（1～3時限）	**1　活動全体の説明をする。** (1)今回の単元のねらいを説明する。 (2)評価規準を示す。 (3)小論文とはどのようなものなのかを確認する。 **2　ワークシートに取り組む。** (1)いくつかの論題に対して、自身の意見と根拠を短文で表現する。 (2)それぞれ作成した短文を発表し、交流し合う。 (3)いくつかの論題を与え、それに対する「立論」「反論」「主張」を作成する。 【論題例】 「年賀状は手書きがよいか、電子メールがよいか」 「大学受験はあるべきか」 「最近のメディア、報道のあり方についてどう考えるか」 **3　作成したメモを相互評価する。**	1 (1)「論理的」であることの必要性を説明しておく。 2 (1)身近な問題であるが、生徒が深く考えてみたことがないような論題を与える。 (2)書画カメラを活用し、全体で交流する。 (3)立論と主張の一貫性を意識させる。反論の根拠を批判的に検討させるようにする。 **評価規準** 論理の構成の仕方を理解している。（知識・理解） **評価方法** 記述の点検

実践例 ▶ pp.112～113

	学習活動	指導・評価のポイント
第2次（4～5時限）	**1　小論文の構成を理解する。** (1)文章例を与え、その構成の特徴について指摘する。 (2)段落構成、接続語なども指摘し、その役割を確認する。	1 (1)パワーポイントを用いて全体理解に供する。 (2)説得力ある文章構成はどのような特徴があるのかを気付かせるように工夫する。

第２次（４〜５時限）	2　構成メモを作成する。 (1)論題「18歳選挙権についてどう考えるか」について、前時に学習した「立論」「反論」「主張」の３点セットを作成する。 (2)(1)を作成するにあたり必要な情報、材料を集める。 (3)(1)(2)を踏まえて、構成メモを作成し、相互評価を行う。	2　書画カメラ等を用いて全体で意見交流できる機会を作ると良い。 **評価規準**　異論・反論を想定しながら、自分の意見を筋道立てて書いている。（書く能力） **評価方法**　記述の点検 **評価規準**　異論・反論を想定しながら、自分の意見を筋道立てて書こうとしている。（関心・意欲・態度） **評価方法**　記述の点検

実践例　▶ pp.114〜115

第３次（６〜７時限）	1　小論文を書く。 論題「18歳選挙権についてどう考えるか」 (1)前時で作成した構成メモを踏まえ、800字程度で小論文を書く。 (2)推敲をして、文章表現の誤りや構成、内容について点検する。 2　作成した小論文を相互評価する。	1　(1)引用のルールを再確認しておく。 (2)推敲の観点を示しておく。 **評価規準**　異論・反論を想定しながら、自分の意見を筋道立てて書いている。（書く能力） **評価方法**　記述の点検

4 授業実践の実際

第1次（3時限目）

●指導目標
1 反論を想定した主張の仕方について理解する。

●本時の展開
1 論題に対してどのように立論をするのかを理解する。
2 立論、反論、主張の思考トレーニングを行い、それらのメモを作成する。
3 作成したメモを相互評価する。

●指導の実際
1 論題に対してどのように立論をするのかを理解する。

教師 与えられた論題に対してどのような立論をするか、迷うところだと思う。きちんとした立論を考えることができると、その後の反論の想定、さらにそれを踏まえての主張の展開がしやすくなる。そのトレーニングをしてみよう。

　論題がどのように与えられることが多いのか、その実際のパターンをみてみる。また立論の裏返しが反論になることを意識させた。「問い」の形を取らない論題の場合、意見を述べるにふさわしい「問い」自体を自らつくることの必要性を説明した。

　論題は身近なものから抽象的なものまでを用意し、生徒の思考を働かせることができるように工夫した。例えば、「年賀状は手書きがよいか、電子メールがよいか」はそのまま問いに答えれば意見を述べることができるが、「メディアの報道のあり方について」の場合は意見を述べるにふさわしい問いを自ら考え出さなければならない。そのためには問題となる事実やその背景について知識がなければ問いそのものを見つけ出すこともできないことを確認した。このように、あえて難しい論題も与えることで、小論文作成においては、その論題に対する基本的な知識、背景理解が必要であることも強調した。

2 立論、反論、主張の思考トレーニングを行い、それらのメモを作成する。

教師 次は、立論に対して反論を想定しよう。またその反論に反論するかたちで主張をしよう。反論の想定は、説得力ある小論文とするために極

めて重要だ。またこの3点セットが小論文の本論部分の展開になる。反論の想定は、主張を説得力あるものにするため重要な過程であることを自覚化させた。またペアの相互評価によって、立論と主張が一貫していることを確認させた。 ポイント**1** ▶ p.118

3 作成したメモを相互評価する。

教師 メモを相互評価してみよう。立論に対してきちんと反論ができているか、その上で主張がなされているか、確認してみてみよう。また、書かれている反論以外にも反論ができないかどうか、考えてみよう。

評価のポイントは、立論に対して反論が想定できているか、反論に対する主張が、反論の根拠を的確に批判できているか、である。ペアで相互評価を行った後、電子白板を用いて、学習者全体で意見交流をした。

〈例：三点セットメモ（生徒作成例）〉

> ◎年賀状は手書きがよいか、電子メールがよいか
> 【立論】 年賀状は手書きがよい。なぜなら、電子メールとは違って、実体として相手の元に残り、何かの手違いで消去してしまうことも無いから。
> 【反論】 年賀状は電子メールがよい。なぜなら、実体のある手書きの年賀状であっても手違いで捨てたりしてしまうこともあり、また、電子メールは実体が無いからうっかり破いてしまったり、時間の経過で文字がかすれたりすることも無いから。
> 【主張】 実体のある手書きの年賀状は破いてしまう恐れや時間と共に劣化してしまうからこそ電子メールより大切に扱おうという気持ちが出るから年賀状は手書きがよい。

この時、反論の根拠と主張が呼応しているかを点検させた。異論・反論との対話構造が成立していることが必要であること、そこがずれていると論理的な展開にはならないことを全体で確認した。特に学習者にとって関心が薄い論題は、教師も適宜アドバイスし、学習者の思考を促す働きかけをした。

第2次（4〜5時限目）

●**指導目標**
1. 説得力ある小論文とするための構成方法について理解する。
2. 論題に対して問題意識を持ち、立論し、主張の根拠となる材料の取捨選択ができるようにする。

●**本時の展開**
1. 基本的な小論文の構成を学ぶ。
2. 論題への問題意識を持つ。
3. 論題に対する立論、反論、主張についてメモを作成し、相互評価する。

指導の留意点 主張の根拠となる情報を得やすい学習環境を用意する。今回は図書館にて授業を行った。

●**指導の実際**
1. **基本的な小論文の構成を学ぶ。**

教師 説得力ある小論文は、きちんとした構成によって支えられている。例に挙げた小論文の構成上の特徴を指摘してみよう。

序論、本論、結論のそれぞれのつながりと役割を確認し、接続語が論理展開に有効であることも意識させた。 **ポイント2** ▶ p.119

　つまり、例えば、しかし、むしろ、ただし……

こうした接続語は、文と文、段落と段落の関係を明示し、論理の展開を読み手に分かりやすく示す働きを持つ。論理的な表現を意識させる場合、接続語の指導はきわめて有効である。

とりわけ本論の重要性は強調し、前時までに学習した「立論」「反論」「主張」の3点セット自体が、本論をかたち作る柱となることを意識させた。

2. **論題への問題意識を持つ。**

教師 「18歳選挙権についてどう考えるか」を論題として、800字程度であなたの考えを論じなさい。これまでの学習を踏まえて、まずは立論を書いてみよう。

立論を組み立てるにあたっては、その論題に対する基本的知識や何が問題

であるのかといった情報収集が必要であること、また本時では、学習者同士の意見交流も行うことから、各グループにパソコンを配置し、図書館で授業を行った。まずは、論題の基本的知識を得るために、国政選挙を管轄する総務省のホームページにアクセスした。

教師 選挙権が18歳に引き下げられたのはなぜだろう。総務省のホームページで確認してみよう。

総務省が挙げている18歳に選挙権を引き下げる根拠を確認した。

教師 少子高齢化社会の中で若年者人口が減っている。若者の意見が政治に反映されにくいこと、世界各国では「18歳以上」が9割であること等が理由とされている。では君たちはこの夏の選挙で投票に行くか?

学習者が論題に関わって、どの程度の問題意識を持っているか確認した。

その上で、インターネットの新聞記事検索で、同世代がどのように考えているのかを調べ、学習者の論題に対する問題意識を、学習者自身で相対化できるようにした。

3 論題に対する立論、反論、主張についてメモを作成し、相互評価を行う。

まず、立論にあたって、今回の論題は「18歳選挙権についてどう考えるか。」というシンプルなものだが、問いの形と対応する答え方が必要になることが重要であることを確認した。

もっとも難しいのが、主張の部分であった。この部分は、立論で述べた基本的立場を引き継ぎつつ、想定される反論に対する防衛力を示し立論よりも説得力を持たなくてはならない。ポイントは、いかに反論の根拠を批判的に検証するか、にある。多いのは、立論に書かなかった別の情報を書き加えて、見かけだけ太らせた主張になっている場合である。それでは反論と交差することなく、平行線を辿る議論となる。だからこそ、反論で書いた内容の根拠を疑い、批判しながら考えることが重要であり、こうした思考過程をとらせることが、説得力があり筋道の通った論述とは何かを具体的に提示することになる。学習者同士の相互評価では、こうした点について気が付いている学習者と、まだ意見の内容に対して感想を述べるに止まる学習者とに分かれた。

5　授業実践の成果と課題

　今回は異論・反論を想定した小論文を書けるようにすることをねらいとした実践であった。授業後の学習者の感想の中で「こんなにも論題に対していろいろな観点から考えたことはなかった」「自分の知識不足が改めてよく分かった」との声が多く挙がった。これらは、説得力ある小論文を書くためには、まずもって自らの内側に問題意識を作り出すという作業、そのためには一定の基礎知識が必要であることに気付けたということであろう。また、普段は深く考えない様々な社会的問題に対して、電子白板、書画カメラ、パワーポイント、図書館のICT環境を有効に活用しながら展開できたことは、文章表現指導の多様性について多くの示唆を得ることができた。特に交流や相互評価のしやすさ、即時的なフィードバックという点で効果が高い。

　右ページに、生徒が書いた小論文例を一つ紹介する。

　想定される反論に対して、その根拠を批判的に検討に加えた上で結論につなげようとしていることがよく分かる作品である。論理的に考える、論理的に述べるとはどういうことか。一つの型ではあるが、異論を想定し、その根拠を疑う思考法と論述の仕方は、小論文学習の明示的な有効性を示すものではないだろうか。そして、こうした「書くこと」の指導は、他教科での論述やレポート作成にも役立ち、これからの社会を生き抜くために必要な論理的思考力や表現力につながるのだと思う。

　　　　　　　　　　　　　　　　　　　　　　　　　　　（黒田　学）

【生徒小論文例】

　18歳選挙権については日常的にニュースや新聞にて取り上げられている。年齢引き下げは、ネットなどを見れば分かるように色々な意見が飛び交っているが、私としては、引き下げについてはおおいに賛成だ。なぜなら、18歳になれば十分に一票を投じる判断力はあると思うからだ。これからの日本は私たち若者にかかっている。そこに引き下げを否定する理由は見当たらない。若者の投票率の低さが叫ばれている今日、選挙権18歳引き下げというのは、話題性としても素晴らしいし若者にとってもタイムリーなので、他の政治問題よりは興味が湧きやすい。投票に行く過程として、一番初めの段階は「興味をもつこと」だと考える。

　ではここで、一つ私の経験を述べたい。私は、学外活動で音楽をやっているのだが、東京都選挙管理委員会主催の投票キャンペーンのイベントから出演依頼を受け、出演した。他にも有名アーティストが集まり若者、特に18歳への投票をライブのあとに促すというものだった。その催しのあと、投票に興味をもった10代は少なくないだろう。現に、出演者であった私もさらに深く興味をもつことが出来たし、この催しについてのニュースで取材を受けていた高校生も「絶対選挙に行く」と答えていた。つまり、「興味を持つ」きっかけはいろいろなところにあるということだ。

　しかし、一方で選挙権引き下げについての反対意見の一つに、「知識の乏しい若者が投票にいくことはナンセンス、メディアの報道を鵜呑みにしてしまう可能性があり、また、興味本位での投票はよくない」というものがある。私はこれには賛成できない。第一に、年齢は投票に一切関係なく、その人の興味の持ち次第でいくらでも持論を持つことは可能といえる。若者が政治に関心を持つきっかけはたくさんあるし、柔軟な考え方をすれば、私たちがいい方向に日本を動かせるのだ。第二に、各政党は若者向けにわかりやすいパンフレットや宣伝を工夫し、独自の政策をアピールしている。これらたくさんの選択肢から、何を選ぶのかは、私たちの主体性にかかっている。けっして「知識が乏しい」わけではない。むしろ様々な情報が飛び交っており、「鵜呑み」にするほどの情報の一元化はなされていないはずだ。

　このように、私は、経験をもとに考えた結果、「選挙権18歳引き下げ」に対し賛成の立場をとる。最初に、「興味」を持たなければ始まらない。その足掛かりの一つに選挙権年齢引き下げというものがあるのであれば、大賛成である。少子化が進む中でも若者が積極的に参加する新しい日本を私たちの手で実現していくためにも、選挙年齢の引き下げは意味を持つ。

この実践ここがポイント❗

■授業の解説

　本実践は、小論文を「書かせる前」の指導を充実させ、「書き方」の習得にねらいを定めて単元化したものである。特に、異論・反論を想定させることで説得力のある論証を考えさせているところに注目点がある。❗ポイント❶ ▶ p.113
AO入試の導入以来、小論文指導が活性化してきたが、受験対策としてだけではなく国語科における書く能力を育てる指導として十分に展開しているかといえば、そうともいえないだろう。指導の実態も、書かせて添削をするという一回性の対応が多く、系統的に論理的な文章表現力を育てる指導はまだ根付いていないのが実情であろう。文章表現指導は手間がかかる印象があり、現場の多忙感からも十分には取り組みにくいのかもしれない。しかし、根拠に基づき意見を述べる小論文実践は、論理的文章の基礎トレーニングとして取り組みやすいといえる。

　生徒にとって、「意見」がはじめからあるとは限らない。むしろ、小論文で問われる論題については、日常考えたこともないものが多いだろう。「○○について、あなたの意見を述べなさい」といわれても、何を書いていいかわからず筆が止まってしまう学習者は多い。では、「意見」そのものがなければ、どうしたらいいのだろうか。

①論題の事実そのものを知る　→　知らなければ調べる
②問いに答える　　　　　　　→　問いが示されていなければ自分で立てる
③根拠に支えられる　　　　　→　根拠となる事実やデータの強さを考える
④反論をくぐる　　　　　　　→　異論・反論の根拠を疑う

　少なくともこれらの条件が意見産出には必要になる。そもそも「意見を述べる」前提条件を考えると、黒か白か、どちらが真か決着がついていない状況設定が不可欠である。これは必ずしも二択ということを意味しない。「私はこう考える」という「意見」は、しいていえばAでもBでもCでもなく「こう考える」という、他との差異によって「意見」たりうるのである。そうだとすれば、意見を述べる相手は、自分とは異なる考えの持ち主であり、説得力とはその異論を持つ相手に対しての説得力ということになる。だからこそ、異論反論を想定するという学習は、「意見」を持ち合わせていない学

習者に、ものごとを両面から考えさせ、**論理的思考力**を育むには良いトレーニングになるのである。

　何を書くかある程度明らかになってきたら、次にどのように書くかを考える段階である。思うままに筆の流れに任せて書くのは、随筆や詩ではいいかもしれないが、論理的文章の場合は、筋道が明瞭であること、論旨に飛躍や穴がないことが求められるのであり、書き慣れていない学習者の場合は事前に論展開の設計図を描くことや、それに伴う**思考の再構成**が必要となる。本実践でも、序論・本論・結論の三段構成で書かせている。❗ポイント❷ ▶ p.114 これは機能としての骨格であり、段落や章の数ではない。すなわち、なぜ序論・本論・結論で書くのか、ということである。序論では論点を示すことが必要になる。問題提起や結論の予告といった形で、文章の冒頭で早めに論点を提示することは読み手に対する配慮であり、文章全体のフレームを示すことになる。結論では、序論で提示した論点と合致する答えが端的に述べられていなければならない。つまり、序論で示した「問い」に対する「答え」を明確に示すのが結論の役割であり、そして、この両者をつなぎ、なぜそういえるのかを論証するのが本論の役割なのである。構成メモの指導も、単に書こうとする内容を想起し書き込むためのメモというだけでなく、こうした「問い」と「答え」と「根拠」という関係性を明確に意識させて三者のつながりを確認しながら論理性を高めていく材料として扱う必要がある。

■**今後の展望**

　二つの方向性を考えたい。一つは、国語科だけでなく各教科等における論述、レポート作成に活かす道である。小論文の書き方で学んだ論理性は、各教科での学習、とりわけ書く活動に直結する。また、大学生、社会人にとっても必要不可欠な能力である。カリキュラム・マネジメントの観点からも国語科で系統的に指導すべき事項であろう。もう一つは、高大接続でも重要視されている批判的思考力の育成につながる道である。異論・反論の想定と、その反証という学習は、角度を変えてクリティカル・リーディングの学習にも生かすことができる。例えば、評論文の学習を論旨の読み取りに止めず、筆者の主張を支える根拠を検証したり、他の論者と比較して考察したりといった展開も考えられる。

（幸田国広）

実践編 ④　　書くこと

相手を意識した説明文の作成
―グループワークで発見する方法―

現代文 B

1　授業実践のねらいと背景

　本稿では、資料の情報を元に相手に応じた説明文を作成する中でよりよい表現を発見・探究した実践を紹介する。資料の内容を要約して伝える場合、相手によってどのように情報の圧縮や語彙の選択が変わるかについて、教師の解説ではなく学習者のグループワークによって発見させる方法をとった。
　高等学校においては「教材の読み取りが指導の中心になりがち」で、「主体的な表現等が重視されていないこと」が問題となっているが、説明文の指導に関しても、資料の内容を読み取ることを第一とした、いわば受信型の指導が主流を占めており、表現することを前提とした発信型の指導は充分になされていないのが現状である。しかし、相手や目的に応じて文章や話の内容をまとめることは、生活の中で様々な場面で行われており、普段のコミュニケーションの質を高める上でも指導が必要である。「目的や必要に応じ」た要約は小・中学校では実践されているが、まとめ方を使い分けるという高次のスキルは高等学校の段階でこそ適切に扱いたい。
　今回の授業では、学習者の主体性を重視し、学習者自身が探究してポイントを見つけ出す、問題解決型の授業を構想した。課題も多く残ったが、学習者は、相手や目的に応じて情報を整理し、その内容を説明文に仕上げる過程で、適切な表現を思考錯誤し、自分たちなりの答えを導き出した。
【学校・学習者の状況】
　学習者は国公立文系コースの 26 名で、これまで教科書教材で要約の学習を重ねているため、情報を整理する基本的な技術は身に付いている。しかし、その目的を「相手に文（話）の内容を端的に伝えるため」といった、コミュニケーションの一環として必要と考える者はごく少ない状態であった。

2 単元指導計画

【科目】現代文B 　【実施時期】2年生3学期
【学習活動の概要】

1 単元名　相手や目的に応じた説明文の作成

2 単元の目標
(1)相手や目的に応じて語句や表現を工夫して書こうとする。（関心・意欲・態度）
(2)相手や目的に応じて語句や表現を工夫して書く。（書く能力）指導事項(1)エ
(3)文章の組み立てや語句の意味について理解する。（知識・理解）

3 取り上げる言語活動と教材
(1)言語活動　　新聞記事や説明文を読み、目的に応じた表現の仕方を話し合う。
(2)教材　　　　新聞社説「プラスチックごみ」、生徒の要約作品

4 単元の具体的な評価規準

関心・意欲・態度	書く能力	知識・理解
相手や目的に応じて、語句や表現を工夫して文章を書こうとしている。	相手や目的に応じて、語句や表現を工夫して文章を書いている。	文章の組み立て、語句の意味について理解している。

5 単元の指導計画

次	学習活動	言語活動に関する指導上の留意点
第1次	1. 学習の目標と流れを理解する。 2. 説明の定義を見直す。 3. 説明を使用する場面（相手・目的）を2パターン設定する。	・説明を日常生活のどの場面で使っているか考えさせる。
第2次	1. 場面①の特徴を理解する。 2. 説明文を作成する。	・意見を出し合い、場面①の特徴をまとめ、それをもとに説明文を作る。
第3次	1. 生徒作品を相互に評価する。 2. ポイントを抽出し、発表する。	・生徒が作成した説明文を一覧にして配る。
第4次	1. 場面②の留意事項を確認する。 2. 説明文を作成する。	・前次までに学習した事項を確認しながら意見を出し合い、場面②の特徴をまとめ、それをもとに説明文を作る。
第5次	1. 生徒作品を相互に評価する。 2. ポイントを抽出し、発表する。 3. 振り返りシートを作成する。	・学びや気付きを振り返らせる。

3　全体の授業の流れと指導・評価のポイント

◉**事前準備について**

1　説明を行う場面（相手・目的）を想定し、それに相応しい教材を探しておく。

2　意見を出し合ったり、発表したりするための、付箋、ホワイトボード、模造紙等の用具を準備しておく。

	学習活動	指導・評価のポイント
第1次（1時限）	1　学習の目標と流れを理解する。 (1)教師による説明を聞き、学習の目標、評価規準、手順を理解し、見通しを持つ。 (2)学習課題に取り組む意義を理解し、単元に対する学習の構えをつくる。 2　説明の定義を見直す。 (1)「説明」に対する自分たちの考えを発表し確認する。 (2)相手や目的に応じて文章や話の内容をまとめることは、生活の中で様々な場面で行われていることを理解する。 3　説明する場面（相手・目的）を2パターン設定する。 ・「校長先生のあいさつ」（校長講話）、「課題研究などの発表」という2つの場面で用いるために、文章を読み取り、話をまとめて原稿を作成することを理解する。	1　(2)自分たちの手で要約のポイントを新たに発見することが意義のある活動であることを伝え、学習意欲を喚起する。 2　(1)発問（「説明」とは何か、何のために説明をするのか、どんなときに説明するのか）によって、「説明」に対する学習者の考えを引き出す。 3　「2(1)」の発問で学習者が答えた意見から、使用する場面（相手・目的）を決める。 **評価規準** 文章の組み立て、語句の意味について理解している。（知識・理解） **評価方法** 発言の確認
第2次（2時限）	1　場面①（校長講話）の特徴を理解する。 ・校長講話についての感想を出し合い、特徴を考え、理解しておく。 2　説明文を作成する。 ・文章（新聞の社説記事「プラスチックごみ」）を読み、ペアで一つの説明文を作成する。	1　一人一つずつ校長講話の特徴を付箋に書かせ、それを教師が読み上げて分類した上で特徴をまとめる。 2　資料①▶p.129 二つの場面（校長講話・課題研究発表）にふさわしい文章を用意する必要がある。

第2次（2時限）	①自分たちが校長になったと仮定して「プラスチックごみ」について生徒に話す、という設定で説明する。 ②各自で作成したものを突き合わせ、よりよい説明文を作り直す。	2 ②次時の相互評価がしやすいように説明文にはペアの名前をつけさせる。 評価規準 相手や目的に応じて、語句や表現を工夫して文章を書いている。（書く能力） 評価方法 記述の点検
第3次（3時限）	1 生徒作品を相互に評価する。 ・学習者が作成した作品を読み合い、良いポイントを確認する。 2 ポイントを抽出し、発表する。 (1) 4・5人のグループに分かれ、各学習者から出された「ポイント」を、簡単なKJ法を用いて分類、整理し、説明に必要な方法を抽出する。 (2) グループ毎に発表し、質疑応答を行う。	1 生徒の作品は活字に起こして配布してやる。 2 (1)机間指導を行い、状況に応じて学習者の考えが確かになる問いを出す。 2 (2)グループ毎の発表内容を関係付けることも必要である。 評価規準 相手や目的に応じて、語句や表現を工夫して文章を書いている。（書く能力） 評価方法 発表の確認
第4次（4時限）	1 場面②（「課題研究などの発表」）の留意事項を確認する。 ・今度は「課題研究で調べたことを小学3年生に分かりやすく伝える」という設定であることを確認し、文章（「プラスチックごみ」）をまとめる際の留意点を話し合う。 2 説明文を作成する。	＊授業の流れと指導のポイントは概ね2・3次と同じであるが、2・3次の指導を踏まえて、より考えが深まるような指導・助言を心がける。 評価規準 相手や目的に応じて、語句や表現を工夫して文章を書いている。（書く能力） 評価方法 記述の点検
第5次（5時限）	1 生徒作品を相互に評価する。 2 ポイントを抽出し、発表する。 3 振り返りシートを作成する。	3 学んだり気付いたりしたことを最後は個人でまとめさせる。 評価規準 相手や目的に応じて、語句や表現を工夫して文章を書いている。（書く能力） 評価方法 記述の点検

実践例 ▶ pp.124〜127

4 授業実践の実際

第4・5次（4〜5時限目）

●**指導目標**

1. 文章を読み取り、それを小学3年生にも分かりやすく伝わるような話にまとめる。
2. 説明のポイントを協働しながら見つけ出し、よりよい表現について考えを深める。

●**本時の展開**

1. 小学生に伝える際の留意点を確認する。
2. 【資料①】社説「プラスチックごみ」を読み、説明文を作成する。
3. 説明のポイントを探る。
4. 振り返りシートを作成する。

●**指導の実際**

1 小学生に伝える際の留意点を確認する。

教師 小学生に課題発表を伝える際に、話をまとめる上でどのような点に注意したらよいか確認しよう。

4次では、「課題研究の内容を小学3年生に伝える」という設定（想定）で説明文の指導に入った。 ⚠ ポイント❶ ▶ p.130

このような設定としたのは、生徒たちが普段「産業社会と人間」や「総合学習」などの科目で研究の成果を発表する機会がよくあり、その練習を兼ねたためである。また相手を「小学3年生」と想定したのは、学習者の思考力・判断力・表現力等が養えると考えたからである。小学3年生に分かりやすく伝えるためには、語句・構成などを正確に理解した上で、その内容を取捨選択し再構成して表現しなければならない。

一人一つずつ留意すべきことを付箋に書かせ、それを教師が読み上げて分類した上で特徴をまとめた。学習者から出された意見としては、「難しい言葉を使わずに分かりやすい言葉にする」「飽きさせないように問いかけを工夫する」、「想像しやすいようにする、話の順番を工夫すること」などが挙がった。

2 【資料①】社説「プラスチックごみ」を読み、説明文を作成する。

教師 確認した留意事項を参考にしながら、ペアになって説明文にまとめよう。

　スタートから活発な話し合いが始まった。というのは、小学3年生はどのような言葉を理解できるのか、という問題にぶつかっていたからである。特に資料のキーワードである「食物連鎖」は高校生なら知っているが、小学3年生だと知らない可能性が高い。その上、言葉を易しく言い換えるにはその言葉の意味を正確に理解している必要がある。学習者は普段は知っているつもりの言葉も辞書で確かめながら要約を進めていった。なお、どちらが書くか迷っているペアには、まず各自で作成し、それを突き合わせてよいものを協力して作るようにと助言した。

　以下に比較的まとまりがある生徒の作品を掲載する。

> ◎ KMP（※ペアの名前）
> 　みんなは魚を食べることが好きですか。私は好きです。とってもおいしいよね。だけど今、魚に大変なことが起こっていることが調べてわかったので発表します。今、海はとても汚れています。その中でも特に嫌なゴミがあります。それは「マイクロプラスチック」というごみです。このごみはプラスチックでできたペットボトルやビニール袋などのごみや釣りで使う道具が海の中に捨てられることによって、波の力で細かくなったものです。魚はこの小さなゴミをプランクトンというえさだと思って食べてしまいます。そうすると、魚の体の中にゴミがたまっていきます。それを私たち人間がつかまえて食べることによって、ゴミで汚れた魚を体の中へ入れてしまうことになります。これは魚にとっても私にとっても良くないことです。この問題を解決するためにはプラスチックなどのゴミを海や山などに捨てず、ゴミ箱へ捨てることが大切です。みんなで協力して海を守りましょう。

　環境問題という真面目なテーマを、「魚」を中心にして子供にとって馴染みやすい話に作り直しているのが分かる。また、キーワードでありかつ難解な語句である「マイクロプラスチック」や「食物連鎖」を丁寧にじっくりと説明している。資料では「マイクロプラスチック」の説明は「レジ袋やペッ

トボトル、漁具などのプラスチックごみが時間をかけ、紫外線や波によって砕かれた5㍉以下の微細な断片だ。」とあるが、このペアは「プラスチックでできたペットボトルやビニール袋などのごみや釣りで使う道具が海の中に捨てられることによって、波の力で細かくなったものです。」と、「紫外線」や「5㍉以下の微細な断片」という言葉を使わずに言い換えている。

3　説明のポイントを探る。

　学習者が作成した説明文を全て活字に起こして全員に配り、それを基に説明のポイントを探る活動を行った。

教師　みんなが作成した説明文の中で、よいと思った箇所（ポイント）とその理由を挙げて考えてみよう。

　4・5人のグループに分け、各学習者が付箋に書いた「ポイント」を、簡単なKJ法を用いて分類、整理し、説明に必要な方法を抽出させた。それが終わり次第発表に移り、質疑応答を行った。

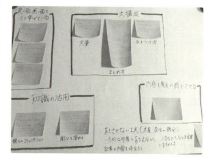

　従来型の「要約」で大切とされてきたこととは異なった点が高く評価される結果になった。どのペアも聞き手の年齢を考慮して話をまとめており、言葉を平易にしている点はひとしく評価されている。しかしそれだけでなく「ペットボトル」を「魚たちを苦しめる悪いやつ」、「5㍉以下の微細な断片」を「小さくなったアリくらい」のように擬人法や比喩を用いた点が「小学生が理解（イメージ）しやすい」として支持された。　**❗ポイント2**　▶p.131

　また、語りかけ方を工夫したペアも評価された。例えば「分からないところがあったらどんどん質問してね」と書き加えた部分などは「一方的に話しかけるのではなく、聴き手のことも考えている」として評価されている。中でも注目すべきは、問いかけに対する子どもの返事を予測して「身近で使っているプラスチックは何があると思いますか？（生徒）定規!!」のように生徒（子供）の反応を書き加えた部分が評価されたことだ。ここは「質問の答

えを大体想定してよい」などと評価されたのだが、確かに、反応を予測し、それと対話するかのように話が作られていた。おそらく相手を強く意識して書いたためこのような形になったのだろう。

　だが指導者の立場で見ると、この資料の主張の一つであるはずの「『国際的な取り組み』や『『国際協力』の必要性」はどの作品からも省かれ、あるいは簡略化された形になっていた。「国際的な取り組み」を省き、エコバックの利用やごみを投げ捨てないなどの「身近な取り組み」に焦点を合わせることで、主題を明確化したものと思われるが、ここは考えさせる必要があると判断し、次のように発問した。

教師　私にはここは必要な箇所だと思えたが、なぜ省いたのか。

　このゆさぶり発問に対して、生徒たちは、グループで話し合い、「『レジ袋』や『エコバック』の話のほうが子供たちには身近であり、国際会議などの例は出しても理解されない、したがって国際的な取り組みの部分を省略し、要点を絞って身近な取り組みだけをまとめた」、と答えた。筋の通った言い分であり、それでよしとしたが、「世界のみんなで協力して問題を解決するためにも、自分たちがまずはお手本になれるように努力しよう」など分かりやすく書き改めることは可能であり、削除せずとも、説明する仕方もあることは伝えておいた。

4　振り返りシートを作成する。

　項目（「説明の目的」「校長講話の場合」「課題研究の場合」等）毎に今回の単元で学んだことや気付いたことを個人で記述させた。様々な反応があったが、その中で、発見したポイントについて短く書かれたものを一つだけ以下に載せておく。

> 小学生に対しては難しい言葉は表現を変化させて誰にでも理解できるような工夫が必要だと思いました。抽象的すぎて理解できなくなるということがないように、ある程度抽象度を下げることも必要だと思いました。校長講話とは違い、関連よりも時系列がわかりやすくまとめられているのも特徴だと思いました。
>
> ❗ポイント3 ▶ p.131

5　授業実践の成果と課題

　授業の目標を充分に達したとは言えないが、少なくとも説明文に仕上げる過程で「目的に応じて説明の仕方は異なってくる」ことは学習者に意識されたものと思われる。

　今回の授業の過程で、これまで、受験指導を目的として行われ、テキストと読み手の2者間の問題と思われていた「要約」が、「相手や目的」を設定することで、テキストと要約者と読み手（聞き手）の3者の間のコミュニケーションの問題に広がりを見せていった。ポイントを押さえる時に学習者の多くが語り方に注目したのは、読み手（聞き手）とのやり取りを重視した結果であったと言える。また学習者は、文章内容は必ずしも抽象化させるのではなく、相手の理解能力に応じて抽象度を調節しながら話をまとめる必要があることを学んだ。調節するのは、抽象度だけでなく、構成、語句、文体等多岐にわたり、相手や目的に応じて変える必要があることにも気付き、これまでの学びを見直すことにつながったと思われる。

　一方で今回の実践では課題も多く残った。まず、相互評価に関してだが、「小学3年生」に対する発表であるならば、実際の「小学3年生」に評価してもらう必要があった。そうしていれば、現実的な観点が子供たち（小学3年生）から得られたに違いなかった。

　さらに「引用」との関連的な指導も必要であることも痛感した。例えば説明文に「新聞記事に書いてあったことだが」という言葉を補えば、自分の意見と他人の意見を分け、相手に事実を正しく伝えることができたはずだった。

　最後に、今回の資料（「プラスチックごみ」）が教材として相応しかったかどうかも問われる。今回の資料は要旨が明解でまとまりがあるため作業しやすいと判断して用いたが、逆にその長所が、目的に応じて読み取る情報を選別し、加工する際の制限となった。必要に応じた事項を抽出しやすいテキスト、つまり、まとまりのない文章や複数のテキストを用いた方が今回の目標を達するのに有効な学習が展開できたはずである。今後の課題としたい。

（佐野　幹）

【資料①社説「プラスチックごみ」毎日新聞2016年2月2日】

　世界の海に漂うプラスチックの微細なごみ「マイクロプラスチック」への懸念が国際的に強まっている。日本近海は特に汚染がひどいとの分析もある。全体像や生態系などへの影響は未解明だが、悪影響がはっきりしてからでは遅い。問題の大きさと広がりを認識するとともに、国際的な取り組みを急ぐべきだ。

　マイクロプラスチックは、レジ袋やペットボトル、漁具などのプラスチックごみが時間をかけ、紫外線や波によって砕かれた5ミリ以下の微細な断片だ。回収は困難なうえ、分解されず長く海を漂う。

　海に溶け込んでいるポリ塩化ビフェニール（PCB）などの有害物質を吸着することも知られている。魚や貝がプランクトンと間違えて食べる結果、有害物質は濃縮され、食物連鎖を通じて生態系や人体に悪影響が及ぶ恐れがある。

　ドイツで昨年6月にあった主要7カ国首脳会議は「世界的な課題」として、効果的で強い対策を呼びかけた。先月には、ダボス会議で知られる世界経済フォーラムが報告書で警告した。海のプラスチックごみの量は「このままでは2050年までに魚の重量を超える」との内容だ。

　ただしマイクロプラスチック汚染の実情はよくわかっていない。九州沖合や日本海などを調査した九州大が、海水1トン当たり2・4個を採取し、瀬戸内海西部の6倍との結果を得た。

　日本近海では中国、韓国、インドネシア、フィリピンなどアジアからのプラスチックごみの流出と海流との影響で、特に密度が高いという分析もある。

　環境省は15年度から3年間、九州大や愛媛大などと共同で、南極海や東太平洋、日本近海に調査船を出して実態把握に乗り出している。各国に急務の問題であることを訴え、排出の削減など対策に向けた国際協力を進めるうえで重要だ。

　身近な取り組みも欠かせない。世界経済フォーラムの報告書は、一昨年の世界のプラスチック生産が50年前の20倍以上の約3億トンに増え、今後20年間でさらに倍増すると予測した。世界中でマイクロプラスチックの発生源が急増する。

　レジ袋などプラスチックを使わない生活を心がけ、リサイクルも進めて生産量を抑える。さらに、海はもちろん、川や屋外にプラスチックごみを捨てない。

　レジ袋の使用数は、エコバッグが普及しているデンマーク、フィンランドは一人年間4枚以下だが、日本では200枚以上と言われる。各国に問題意識の共有と対策の強化を働きかけるうえでも、私たち自身が国内での発生を減らすよう努める必要がある。

この実践ここがポイント❗

■授業の解説

　本実践は、伝える目的や相手によって、どのように情報の圧縮や語彙の選択が変わるか、教師が解説するのではなく学習者のグループワークによって発見させた試みである。一般的な要約の指導は、対象となる文章の理解、的確な読み取りをねらいとし、主として評論・論説における学習指導の常道になっているともいえる。しかし、何のための要約かといった目的や動機付けが欠落しやすい。往々にして学習者は興味を持ちにくく無味乾燥な作業という印象を抱きがちである。それに対して、本実践は説明文に仕上げる過程で要約という知的操作の表現力の側面に焦点をあてている。しかも、グループワークによって学習者が主体的に展開していく特徴を持っている。ここでは、要約のコンテキストとして具体的なコミュニケーションの場が想定されており、単に情報内容の圧縮だけでなく、圧縮に伴う抽象度の調整、語彙や強調点の選択が行われており、高校生を聞き手とする校長先生の講話と、小学3年生を聞き手とする課題研究発表とによって、両者の差異が検討され表現が工夫されている。このときなされる調整や選択こそは、実生活・社会生活の場面で必要とされるコミュニケーション能力である。文章の読解内容と既習の要約に関する知識とを具体的な場面に置き直して活用することで、「思考力・判断力・表現力等」に働きかける実践となっていることが分かる。

　本実践の特徴を整理すると、以下のような諸点が浮かび上がってくる。

　第一に、一般的な要約の学習はテキストと読者＝学習者という二者の関係のみで完結しがちだが、本実践は、相手や場面、目的といった読書行為の外部を含む三者間においてなされる。❗ポイント1 ▶ p.124　実生活で行われている情報伝達、コミュニケーションは常に三者間である。したがって、要約の学習のねらいを文章の的確な読み取りにだけ置くことは、様々な知的操作を必要とし、理解力と表現力の双方が求められる要約という言語行為の一面しか取り上げていないということになる。もちろん、文章内容の的確な理解に置く要約学習は必要だが、それだけが要約の全てではない。

　第二に、擬人法や直喩表現といった比喩を用いる等、一般的な要約指導ではタブーとされるような言い換えが、実は相手との関係においては情報伝達

の際のポイントになることを学習者がグループワークを通じて発見している。 **!ポイント2** ▶p.126　相手に通じない言葉では、いくら「正確」な要約だと言い張ったところで意味がないことは明らかであろう。

　第三に、グループワーク任せではなく、重大な見落としや誤謬に関しては適切に教師の指導が加えられており、**振り返りシートによる要約学習のメタ認知**が促されている。校長講話と小学生への発表とを比較しながら、「関連よりも時系列が分かりやすい」という気付きは、その好例であろう。 **!ポイント3** ▶p.127

　このように、本実践は「国語科で育成すべき資質・能力」における**「他者とのコミュニケーションの側面」**だけでなく、**「情報を編集し操作する力」**にも働きかける射程の広さを有している。

■今後の展望

　レポートや論文作成における要約も、実はねらいとコンテキストに応じて情報内容の圧縮の仕方は様々である。対象となる情報全体をそのまま等倍で縮小することよりも、執筆者の論旨に必要な部分が引用や要約によって埋め込まれていくことの方が自然であろう。論旨にあった適切な要約は、これもまた目的や状況といった第三の要素を含む。したがって、引用の仕方とともに情報の適切な伝達方法について、正確さの側面とともに「編集」という側面からも考えさせる必要がある。従来の指導は正確さに偏りすぎていた。正確か不正確かの二分法では、情報伝達にともなう現実的諸問題を素通りしてしまう可能性がある。過度な言い換えや言葉足らずは、情報伝達として正確さを欠くが、要約は元のサイズを圧縮する以上、全てを伝えることもできない。妥当な伝達となる表現、切り取り方や強調点がそれでよいかどうかは、レポートや論文作成においても必要となる観点といえよう。

　また、話し言葉のコミュニケーション・トレーニングとしても本実践からは多くの示唆が得られる。むしろ、話し言葉の方が、情報伝達に伴う要約が二者間だけではなく、聞き手や目的、場面を含む三者によるものだということの現実性が際立つだろう。その場合、声のトーンやイントネーション、プロミネンス、表情や身振りといったパラ言語の要素も重要な観点となる。

（幸田国広）

実践編⑤ 読むこと

思考の仕方を捉え、文化を深く考察する —随筆、歌詞、評論を関連付けて読む—

現代文A

1 授業実践のねらいと背景

　高校の国語教育は、「思考力・判断力・表現力」の向上を目的とし、その評価を含めて、生徒の思考力を本質的に高める単元の開発が求められている。その実践としてここ数年、思考を視覚化するツールが導入されてきたが、その種類が多く相互の関連が明確でないことに課題がある。

　高校の教材には、対象を二つの要素に分けて、その関係を分析したり、統合して新たに第三の要素を作り出したりして、対比的に思考し表現する方法が頻出する。この思考の構造を生徒が親しみやすいように「ABC構造」と名付け、三角形で図示し、個別の文章の「思考の仕方」を分析した。この共通の枠組がグループ活動の土台ともなる。このような準備を経て、主題を表す文の思考の仕方を理解し、読みを深める授業を構想した。

　教材は、桜を「不可思議」な「存在」として捉える俵万智の随筆と短歌、「桜が枯れた頃」の季節を描く志村正彦（フジファブリック）の歌詞、桜をめぐる「想像」と「現実」の関係を分析する佐藤俊樹の評論の三つで構成した。また、「思考シート」というワークシートを導入し、教材例文を分析し、思考の仕方を理解し活用して、自分の経験を振り返り、自ら設定した課題について書き、その文をグループ活動で検討していく言語活動を組織した。生徒が思考の仕方を活用し、自分の考えを形成し、桜という言語文化的な主題を探究的に考察する力が、本単元の最終的な目的であり評価の対象である。

【学校・学習者の状況】

　本校は、総合学科高校で、本実践は人文社会系列のクラスで行った。生徒は大学から専門学校まで幅広い進学希望を持ち、学力の水準にも個人差があるが、国語の学習意欲は高く、言語活動にも積極的に取り組んでいる。

2 単元指導計画

【科目】現代文 A 　【実施時期】2 年生前期（4・5 月）
【学習活動の概要】

1 単元名　三つの教材を読み、思考の仕方を学び、桜という存在を深く考察しよう。
2 単元の目標 ・文章に表れた考え方を読み取り、人間、社会、自然などについて考察しようとしている。 　　　　　　　　　　　　　　　　　　　　　　　　　　　　（関心・意欲・態度） ・文章に表れた考え方を読み取り、人間、社会、自然などについて考察する。 　　　　　　　　　　　　　　　　　　　　　（読む能力）指導事項(1)ア ・文や文章の組立て、論理の展開を理解し、言語文化の特質を理解する。（知識・理解）
3 取り上げる言語活動と教材 (1)言語活動　ワークシートに基づいてグループで話し合い、発表する。 (2)教材　①俵万智「さくらさくらさくら」②志村正彦「桜の季節」（フジファブリック音源）③佐藤俊樹『桜が創った「日本」』、ワークシート（6 種類）

4 単元の具体的な評価規準

関心・意欲・態度	読む能力	知識・理解
文章に表れた考え方を学び、活用して、桜という存在について考察しようとしている。	文章に表れた考え方を学び、活用して、桜という存在について考察している。	文の構成等を理解し、言語文化の特質を理解する。

5 単元の指導計画

次	学習活動	言語活動に関する指導上の留意点
第1次	1. 目標・言語活動・評価規準を説明する。 2. 「さくらさくらさくら」精読 3. 「さくらさくらさくら」主題把握	・「思考シート」活動の流れ ①教材例文［原文］→②教材例文［分析］→③思考の仕方［構造化］→④グループ活動・発表→⑤思考の仕方［活用］→⑥グループ活動・発表という順で段階的に活動する。 ＊グループ活動④⑥の要点 ④「思考の仕方」の構造化が適切であるか検討し、良い例をホワイトボードに書いて発表する。 ⑥「思考の仕方」を活用した文を互いに読み、評価し、良い文をホワイトボードに書いて発表する。
第2次	1. 「思考シート1(1)」作業・グループ活動 2. 「思考シート1(2)」作業・グループ活動	
第3次	1. 「桜の季節」視聴・精読 2. 『桜が創った「日本」』精読	
第4次	1. 「思考シート2」作業・グループ活動 2. 「思考シート3」作業・グループ活動	
第5次	1. 「思考の仕方・考察文シート」作業・グループ活動 2. 「桜という存在と私」作文・相互評価を行う。 3. 単元全体の振り返り・まとめをする。	

3　全体の授業の流れと指導・評価のポイント

●事前準備について

1　『志村正彦全詩集』（PARCO出版）、フジファブリック「桜の季節」音源（Universal Music LLC）、佐藤俊樹『桜が創った「日本」──ソメイヨシノ起源への旅』（岩波書店）を用意し、教材プリントを作成する。

2　ワークシートを作成し、グループ活動用にホワイトボードを用意する。

	学習活動	指導・評価のポイント
第1次（1〜2時限）	1　単元の目標、言語活動、評価規準について説明する。 2　「さくらさくらさくら」精読・主題把握をする。 第1段…主題文の思考の仕方を「ABC構造」で分析し、説明する。 第2段…在原業平の和歌鑑賞。桜と古典文学。日本と欧州の桜観比較。 第3段…本文中の短歌三首の鑑賞。 3　桜に対する筆者の考えや思いを把握する。	2 (2)「抽象化」「象徴化」が短歌の表現・思考の仕方につながることを伝える。 評価規準　文章に表れた考え方を学び、活用して、桜という存在について考察している。（読む能力） 評価方法　行動の観察
第2次（3〜4時限）	1　「さくらさくらさくら」本文作業・グループ活動を行う。 ①②③「思考シート1(1)」教材例文［原文］→教材例文［分析］→思考の仕方［構造化］ ④グループで、「思考の仕方」が的確か検討する。良い例をホワイトボードに書いて発表する。 ⑤「思考シート1(1)」思考の仕方［活用］ ⑥グループで、「思考の仕方」を活用した例文を検討し、評価する。良い文をホワイトボードに書いて発表する。 2　「思考シート1(2)」「さくらさくらさくら」短歌作業・グループ活動を行う。 ＊「思考シート1(1)」と同じ展開 ＊俵万智の対比や逆転の発想による思考と表現の仕方を、ABC構造を準拠枠にして理解し活用する。	1「思考シート1(1)」▶p.142 ①教師が、「思考の仕方」となる例文を選択する。 ②教師が、ABC構造を枠組にして、例文を分析し、分かりやすく提示する。 ③生徒が、「思考の仕方」を構造的に捉え、図示したりキーワードをつけたりして、理解する。 ⑤生徒が、「思考の仕方」を活用し、自分の経験を振り返り、自分で設定した課題について書く。 評価規準　文章に表れた考え方を学び、活用して、桜という存在について考察している。（読む能力） 評価方法　記述の確認

実践例　▶pp.136〜138

第3次（5〜6時限）	1　志村正彦「桜の季節」を視聴・精読する。 (1)フジファブリック「桜の季節」視聴（CD音源・公式MV）、教材本文は『志村正彦全詩集』から採録。 (2)志村正彦略歴等の資料配付・説明。 (3)「桜が枯れた頃」という季節の表現、時間の推移に焦点をあてる。 2　佐藤俊樹『桜が創った「日本」』を精読する。 (1)本文（43頁8行〜57頁7行抜粋・一部省略）通読 (2)論理の展開と文章の構成を把握する。 (3)「吉野の桜」と「吉野桜（ソメイヨシノ）」という現実－想像の二項対立を理解する。	1　(2)志村正彦は1980年山梨県富士吉田市生まれ。高校卒業後、ロックバンド「フジファブリック」を結成。独創的な詞と曲が若者に支持されたが、2009年12月急逝。没後『志村正彦全詩集』が刊行された。 2　(3)想像－現実という二項対立の記号論的思考を簡潔に説明する。 評価規準　文章に表れた考え方を学び、活用して、桜という存在について考察している。（読む能力） 評価方法　行動の観察
第4次（7〜8時限）	1　「思考シート2」「桜の季節」作業・グループ活動を行う。 2　「思考シート3」『桜が創った「日本」』作業・グループ活動を行う。 ＊共に第2次の「思考シート」と同じ展開	1　「思考シート2」▶p.143 2　「思考シート3」▶p.143 評価規準　文章に表れた考え方を学び、活用して、桜という存在について考察しようとしている。（関心・意欲・態度） 評価方法　記述の確認
第5次（9〜10時限）	1　「思考の仕方・考察文シート」作業・グループ活動を行う。 (1)四つの「思考の仕方」を総合的に理解する。 (2)「桜という存在」の考察文を簡潔に書く。 (3)グループで相互に検討し、良い例を発表する。 2　「桜という存在と私」課題作文・相互評価を行う。 (1)「桜という存在と私」という主題で、自己の経験を振り返り、思考の仕方を活用し、600字課題作文を書く。 ＊「思考の仕方」の習得→活用→課題の探究という学習過程の総合として位置付ける。 (2)グループで読み合い「評価シート」で相互評価する。 3　単元全体の学習の振り返り・まとめを行う。	1　(1)「思考の仕方・考察文シートⅠ」▶p.143 四つの「思考の仕方」を比較し、総合的にまとめる。 1　(2)三つの教材を横断的に振り返り、考察する。 2　(2)「評価シート」は、意欲・内容・表現の三観点で三段階評価（とても良い・良い・普通）を行う。 評価規準　文の構成等を理解し、言語文化の特質を理解する。（知識・理解） 評価方法　行動の確認、記述の分析

実践例　▶ pp.138〜140

4 授業実践の実際

第2次（3時限目）

◉指導目標

1. 「さくらさくらさくら」本文中の例文で展開される思考の仕方を理解する。
2. 思考の仕方を活用し、経験を振り返り、自分が設定した課題について文を書く。

◉本時の展開

1. 活動全体の説明を行い、「思考シート1⑴」（▶p.142）を配布する。
2. 「思考シート」に記述し、グループ活動で検討し、良い例を発表する。

◉指導の実際

1. **活動全体の説明を行い、「思考シート1⑴」（▶p.142）を配布する。**

   学習の内容、活動の展開、評価について示す。

   > **教師** 「思考の仕方」を理解して活用する。「思考シート」に記述し、グループで話し合い、良い例を発表する。「思考の仕方」の構造化とその活用について、「A 十分満足できる・B おおむね満足できる・C 努力を要する」の三段階で評価する。

2. **「思考シート」に記述し、グループ活動で検討し、良い例を発表する。**

   本時の「思考シート1⑴」（▶p.142）を用いた展開は下記の通りである。

   ①思考シート：教材例文［原文］を確認する…教師が教材から「思考の仕方」として適切な例を選ぶ。

   > 桜というのは、《花だけ…A》を取り出して観賞するものではないのかもしれない。《桜の咲いている空間ごと、そして時間ごと、日本の春という舞台の全て…B》《を含めて…C》桜なのだという気がする。（俵万智『さくらさくらさくら』）

   ＊例文のABC構造の要素を《 》で囲み、示したもの。

   ②思考シート：教材例文［分析］を解説する…教師がABC構造を準拠枠に

して分析し、生徒が「思考の仕方」を把握しやすくなるように、表現を整えたり補足したりして提示する。
③思考シート：思考の仕方［構造化］に取り組む…生徒が例文を読み、ABC構造を準拠枠にして「思考の仕方」を取り出す。図示したり、キーワードをつけたりして、構造的に理解する。　❗ポイント１ ▶ p.144
④４人編成のグループで、「思考の仕方」の構造化（図示・キーワード）について適切であるか検討する。良い分析例をホワイトボードに書いて発表する。
⑤思考シート：思考の仕方［活用］に取り組む…生徒が自分の経験を振り返り、思考の対象となる課題を自由に設定する。その課題について「思考の仕方」を活用して考察した文を作る。
⑥４人編成のグループで、「思考の仕方」を活用した文を読み合う。良い例文をホワイトボードに書いて発表する。生徒間の質疑応答、教師との問答も取り入れる。

〈評価の規準と方法〉…授業中は生徒の行動を観察し、終了後、「思考シート」を回収し、上記の評価規準を満たしているかどうか、その記述を確認する。

〈生徒の記述例とその分析〉
⑴思考の仕方［構造化…図示・キーワード］
　生徒は、ABC構造に基づいて、「花だけ」を見ることと「空間ごと、時間ごと、舞台の全て」も視野に入れることを対比的に捉えた。「一般的な考え方－自分だけの考え方、狭い視野－広い視野、一点－全て、単体－複数、主観－客観、中心－周り」というキーワードをつけ、全体をABCの三角形で図示した。ABC構造という準拠枠があるので、グループ活動での相互理解と検討も円滑に進んだ。
⑵思考の仕方［活用…思考の仕方を活用し、自分で設定した課題について書く］

①演劇は、役者の演技を見るだけではなく、衣装、舞台装置さらに会場の雰囲気や緊迫感その空気感を含めて、全てを見て感じて楽しむものである。
②花火は光り消えていく瞬間の美しさだけでない。目を閉じれば、その時の花火の風景、音、迫力を思い出し、一生、心の中に残るものである。

①②は「演劇」「花火」を見る経験を振り返り、その経験を二つの要素に焦点化し、対比的に捉えている。二つの要素が複合されて経験の全体を形成している。思考の仕方を形式的になぞるだけでなく、感性を働かせ、表現も工夫している。
(3)学習の振り返り…生徒の書いた例を挙げる。

> ①思考の仕方を使い例文を書くことで思考の仕方を深く理解することができた。
> ②自分の経験を掘り下げなければ思考の仕方は使えないことが分かった。
> ③図示やキーワードをつけることによって考え方のポイントが見えてきた。
> ④他の人の意見を聞くことで考え方が深まり、自分の考える力を伸ばせた。

ABC構造による図示によって生徒の理解が進んだ。さらに、思考の仕方に基づいて自らの経験を振り返ることで、「経験→思考→表現」という過程を学んだ。「思考シート」の作業が単なるパターン練習に陥らないように構成を工夫し、グループ活動自体を自己と他者の対話的思考の実践としたことが効果を上げた。

第5次（9・10時限目）

●指導目標
1　四つの「思考の仕方」をまとめ、「桜という存在」を簡潔に考察する。
2　探究的な課題として「桜という存在と私」という課題作文を書く。

●本時の展開
1　「思考の仕方・考察文シート」に記述し、グループで検討し発表する。
2　課題作文「桜という存在と私」を書き、グループで読み合い相互評価する。

●指導の実際
1　「思考の仕方・考察文シート」に記述し、グループで検討し発表する。

教師　「思考の仕方・考察文シート」中の「思考の仕方」のまとめと「桜という存在」の考察文、「桜という存在と私」課題作文について、「A十分満足できる・Bおおむね満足できる・C努力を要する」の三段階

で評価する。

四つの思考の仕方を総合的にまとめ（▶ p.143）、「桜という存在」の考察文を書き、グループで相互に検討し、良い例を発表する。

2　課題作文「桜という存在と私」を書き、グループで読み合い相互評価する。

自己の経験を振り返り、焦点化して主題を設定し、思考の仕方を活用して書く。「桜」という対象と「私」という主体とのつながりに焦点をあてる。

〈評価の規準と方法〉…「思考・考察シート」「桜という存在と私」課題作文を回収し、上記の評価規準を満たしているかどうか、その記述を確認する。

〈生徒の記述例とその分析〉

(1)「桜という存在」考察文…生徒の書いた例を挙げる。

> ①桜は人の記憶に強く刻み込まれる存在である。②桜は自分の素直な感情を写し出す鏡のような存在だ。③桜という存在は人の思いや思い出を記憶する生きたメモリーかもしれない。④桜は私たちにとって「オブジェ」のようなものである。⑤桜は人の心を大きく揺らす存在だ。私たちの心をコントロールする力さえある。⑥桜には一つ一つの動きに物語がある。その桜の動きに人間の動きを照らし合わせることで、無限の物語をつくることができる。

①は「記憶」、②③は「鏡」「生きたメモリー」という巧みな比喩、④は「オブジェ」という美術作品的な視点で捉えている。⑤「心をコントロールする力」には批評意識があり、⑥「一つ一つの動き」「無限の物語をつくる」には優れた発想がある。生徒一人一人が「桜」という存在について、対比的な思考の仕方を使ったり比喩表現を使ったりして、考察を深めている。

(2)「桜という存在と私」課題作文…生徒の書いた文の一部を挙げる。

> 1．桜は季節によって姿を変えていくが、人は花のない桜の木を桜として捉えていない。同じ場所に同じ樹木として立っているにもかかわらず、あの桜色の世界がないだけで違うものに見えてしまうほど、私たちに染みついた桜のイメージは固定されている。夏は若々しい緑の葉がつき、秋には葉が落ち、冬は寒さに耐え乗り越えて、春になるとあの特有の花を惜しげもなく開いて、人々

を笑顔にする。努力を人知れず積み上げ、笑顔を生み出すのは、人と同じだ。桜は常に寄り添い見守ってくれる温かい木だ。桜は常にそこにある。

２．春になると、祖母の家のしだれ桜の木に綺麗な淡い色の桜が咲く。普段は外側の桜の表情しか見ることができないが、花咲く頃にこの木の下に入ると、普段見られない内側の桜の表情を見ることができる。まるで包み込まれているような気持ちになり、とても落ち着く。桜はとても儚いものだが、私の人生において大きな存在だ。歳を重ねるごとに、桜の内側や外側、その見え方や見方が変わるかもしれないが、これからもたくさんの思い出を作っていきたい。そして、桜にいつか恩返しをして、守ってあげたい。

1 は、桜を春夏秋冬の一年の循環の中で捉えている。その姿の変化にもかかわらず「桜は常にそこにある」という発見は、丁寧に時間をかけて眺めた経験に基づく。桜のイメージの固定化への批判もある。2 は、祖母の家での経験を振り返り、桜の「内側」と「外側」という空間的な対比によって考察している。桜からの恩恵を受けるだけでなく、恩返しをしたいという表現から感性の豊かさが伝わってくる。1、2 共に、俵万智や志村正彦の表現に触発されて、自らの経験を振り返り、ABC 構造に基づく「思考の仕方」を活用して、自由な発想で考察を深めている。⚠️ポイント2 ▶ p.145　提出された課題作文の記述を分析すると、生徒は主体的に取り組み、その表現は全体として満足できる水準に達していた。経験と思考を結び付けて表現する能力、取り組むべき課題を見つけ探究的に考察するための能力の基礎を育成できたと評価する。また、生徒の振り返りを確認すると、グループ活動を通して他者の表現を尊重する態度が養われ、生徒の対話能力が向上したことが窺われる。

5　授業実践の成果と課題

単元の学習全体についての生徒の振り返りは次の通りである。

> ①ある一つの物事に対してこんなにも深く学習したのは初めてだった。②三つの作品から考えもしなかった想像や感覚の世界にたどりつき、新しい発見があって楽しかった。③普段考えないことを自分で改めて深く考えるとものの見方が変わり、おもしろいと思った。④グループのメンバーは考え方に違いがあり、ひとりひとりの個性もしっかりと活かせたので、とても良い学習ができた。

①②③は「深い学び」、発見のある学び、④は生徒同士の「対話的な学び」について述べている。②③のようにこの学習の楽しさや面白さに触れた記述も多かった。生徒の行動の観察、記述の分析を総合的に評価すると、ほぼ全員が「B　おおむね満足できる」以上の評価に達していた。単元を第1次・第2次・第3次という階層的な構成にして、複数の教材を読み、主題を把握し、思考の仕方の理解と活用を通して自分の考えを形成し、「桜という存在」について探究的に考察するという「習得・活用・探究」の学習過程が構築できたことが「深い学び」につながったと判断する。また、ABC構造を準拠枠にすることでグループ活動での話し合いや相互評価の基盤ができたことが「対話的な学び」を支えた。思考の学習の準備にはかなりの時間を要したが、生徒は意欲的に活動したのでこの方法に手応えを感じた。汎用性のある方法なので他の単元でも取り入れていきたい。ただし、評価の改善、充実という点については一考の余地がある。特に思考力の的確な評価については今後の課題としたい。

今回、志村正彦の歌詞を教材の一つとして選んだが、彼の季節と時間の感覚は生徒に強い印象を与え、思考を促した。高校国語の教材は定番の文学作品や入試問題の評論に傾きすぎている。高校生の思考と感性を活性化させる点において優れた作品をもっと開拓して導入すべきであろう。

この授業を発展させるには、生徒が自力で本文から「思考の仕方」の例文を探し分析する展開、生徒が自分で作品を選択し探究的に考察する展開が考えられる。言語文化の探究的な学習は「現代文A」の主要な目標であり、今後の高校国語が全体としてめざすべき方向でもある。　　　　　　　（小林一之）

【思考シート1(1)／思考シート2・3（抜粋）】

《さくら》思考シート1-1　　　　年　組　番氏名

教材例文［原文］　　　俵万智の随筆『さくらさくらさくら』

桜というのは、
花だけを取り出して観賞するものではないのかもしれない。
桜の咲いている空間ごと、そして時間ごと、日本の春という舞台の全てを含めて桜なのだという気がする。

教材例文［分析］

桜というのは、
花だけを取り出して　観賞するものではない
桜の咲いている空間ごと、そして時間ごと、日本の春という舞台の全て
を含めて　　　　桜なのだ

思考の仕方［構造化…図示・キーワード］

キーワード：A中心 ⟷ B周辺の環境　　○○というのは
　　　　　　　　　　　　　　　　　　→主題テーマ
C　AとBを含めて　　A…花だけ（中心）
　　A+B＝C
△　　　（総合）　　B…空間、時間、舞台（周り、周辺）
A　　B　　　　　　　C…桜

思考の仕方［活用…思考の仕方を活用し、自分で設定した課題について書く］

C　　A…深く（中が見える、魚、海藻、色など）
△　　B…全体（海の広さ、波、音、砂、空）
A　B　C…海

海というのは、深い海の中だけを見るものではなく
魚たちのいる海全体、波の表情、音、空、全てを含めて見るものである。

自己評価・ふりかえり

思考の型にそって考えることができました。短い時間の中でしたが"A+B＝C"というのは世の中に沢山あるのではないのかなと感じました。今までやったことのない授業だったので、最初は授業の内容を理解するのが大変でした。話し合いを通して、他の人の意見を聞くことができて良かったです。（歌、ダンス、スポーツ、家族、茶道、学園祭、演劇、人間）とても面白かったです。

思考の仕方［構造化…図示・キーワード］

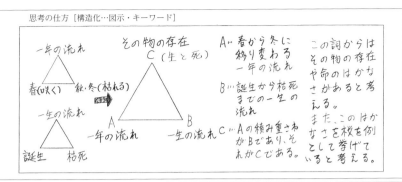

思考の仕方［構造化　図示・キーワード］

［B］　C…なぞる　　a、現実→ソメイヨシノ　　[A]　C…なぞる
　△　　　　　　　b、想像→文学作品　　　　△
a　b　　　　　　　　　　　　　　　　　　a　b
現実が　想像　　　　　　　　　　　　　　現実を　想像が

・ソメイヨシノのような桜は文学作品の想像上ではすでに存在し、後にみんなが理想としていた桜（ソメイヨシノ）が誕生した。
・ソメイヨシノが想像（理想）の桜と似ていたため、重なった。

・ソメイヨシノを見た現代の私たちが過去の文学作品を見て、その中に出てくる桜はソメイヨシノのような桜であってほしいと想像している。
・過去の文学作品の桜がソメイヨシノを連想させてしまい、ずっと前から存在していたと勘違いしてしまう。

【思考の仕方・考察文シート（抜粋）】

Ⅰ　四つの「思考の仕方」を総合的にまとめる。

桜が咲くということは明るい気持ちを表し、散るということは暗い気持ちを表すなどといった固定化したイメージを桜に対して持っているが、この4つの作品の時空や表現の方法、桜の起源など様々な角度からのアプローチにより、私たちのイメージや考えを覆した。

	キーワード	桜に対するイメージや考え方が変わったポイント 等
(1-1)	全体／部分　時空	桜を鑑賞するということは、花だけを見るということではなく、時間・空間などといった舞台を含めた全てを見ることである。
(1-2)	散る／プラスの気持ち（送別、旅立ち）　マイナスの気持ち（別れ、悲しみ）	桜が「咲く＝喜び（プラスのイメージ）」「散る＝悲しみ（マイナスのイメージ）」などという固定されたイメージばかりではなく、とらえ方を変えることで多様な考え方ができる。
(2)	桜／時間　見方	"桜の季節過ぎたら""桜が枯れた頃"などのように桜だけに注目するのではなく、桜を通して時間の流れを表現することで、心情やものの見方を表現することができる。
(3)	現実←→想像	今私たちが見ている桜、ソメイヨシノは"現実が想像（言葉・理想）をなぞる"形で誕生した。その後、過去の文学作品の桜がソメイヨシノを連想させてしまい、ずっと前から存在していたように思わせた。

この実践ここがポイント❶
■授業の解説

　従来、評論文の読解といえば、言い換え表現や修辞に注目しながらのキーワードの把握、接続詞や指示語の働きについての確認、段落間の関係と全体の構造の理解等を通じて、筆者の主張を本文の表現を用いながらまとめるといったことに終始していた感がある。読むことの指導事項を身に付けさせるためには、読むという言語活動だけでは不十分であり、表現する言語活動を通して読みを深めることが大切である。中には、評論文の内容を現代的な課題として実感させるために、NIE の手法を取り入れたり、新書等を読ませたりしながら、大学入試等を見据えて小論文の作成につなげていく取り組みも見られたが、本実践のように、論理的思考を働かせて思考力を豊かにし、言葉で自分の思いや考えを深めるようにすることをねらった実践はあまり例がなかった。本実践は、創造的・論理的思考を働かせて課題を深く探究することをテーマに、**「情報を多角的・多面的に精査し構造化する力」**の育成をめざしている。そのために、❗️ポイント❶▶ p.137 のように、高校教材によく用いられている対比的に思考し表現する方法を、生徒が活用しやすいように「ABC 構造」と名付け、この「ABC 構造」に基づき文章を読み、内容及び構造を図示して理解させている。対比されている二つの要素 A・B と、その二つの要素を複合させる C という考え方の 3 点を用いた三角形の構造図を描くことで、C という考え方を生み出す「思考」がどのようなものであるのかを考えさせ、生徒の思考力を鍛えている。また、その「思考」を活用して文章を書き、グループ活動で検証することによって、「構成・表現形式を評価する力」を付けることにも成功している。特に第 5 次で作文を書かせているが、新しく情報として得た「思考」を用いて、既に持っている知識や経験、感情に統合し構造化する活動を通して、**「考えを形成し深める力」**を育んでいる実践にもなっている。

　実践者は、この「ABC 構造」を用いて、宮沢賢治の「永訣の朝」を教材とし、「文章の内容や表現の仕方を評価し目的に応じて適切に活用すること」をめざした授業も行っている。俳優などによる異なる 3 人の「永訣の朝」の朗読を聴いた生徒が、A「賢治の発する言葉」と、B「妹トシの言葉」と

がかみ合っていないことに着目し、グループ活動を通してキーワードを見つけながら、A・Bの要素を複合する見方として、C「賢治が妹のために尽くした以上に、妹が賢治を支え導いたことの貴さを、トシの方言を交えた言葉を繰り返し使って、賢治は詩にしている」という読みを発表していたことが印象的であった。「ABC構造」に基づき考察を深めたこの実践が本実践の汎用性の高さを示していると感じている。

　さらに、本実践は、「桜という存在を考える」という課題に向かうことで、「桜」という言語文化について理解を深めているのだが、その中で、<u>文学的随筆・短歌、ロックの歌詞・詩、社会学的評論と多様なジャンルの作品を教材として扱っており、日本語を通して生まれる論理、日本語だからこそ生まれる「思考」を学習することで</u>、生徒に、思考の根底にある、**思考を可能にする言語の役割**の大きさに気付かせている　❗ポイント❷▶p.140。時間の経過による変化や違い、時間が経過しても変わらないものを考える契機にもなっており、自らが用いている日本語と、その日本語を用いることで可能になっている思考のあり方について生徒が自覚的になることを意図し、我が国の言語文化の独自の性格やその価値について関心を高めることにつながっている点も、従来には見られなかった取り組みといえる。

　読書を通じて様々な文章に出会わせるだけでなく、音声や画像、また、グラフといった、文字以外で表現されたものも対象とし、「ABC構造」を活用してそこに見られる「思考」について考察することで、思考力が磨かれるであろう。「ABC構造」に代わる生徒独自のものが発見されることも期待され、それも思考力が付いたことを意味すると考える。思考力は、国語で理解したり表現したりするための力であり、「読む」だけでなく、「話す・聞く」・「書く」場面でも同時に、本実践内容を活用していきたい。なお、その際に、見通しと振り返りを終始一貫して意識させるためにも、何が、なぜ良いのか、どうすればできるようになるのか、が理解できるような、具体的な評価規準が必要になろう。

（河手由美香）

実践編⑥　　　読むこと

小説の読み方の自覚を深める
――「檸檬」から一人称小説へ――

現代文B

1　授業実践のねらいと背景

　小説を読むことにおいて、生徒が主体的・能動的に取り組む小説の授業実践は常に課題である。概して生徒の既習作品に関する記憶は作品の梗概に偏りやすく、そこで小説の読み方を獲得したか否かを意識している生徒は少ない。授業がいかに単発的で教師側の解釈に偏っているかをしばしば痛感する。だからこそ、内容解釈のみならず、協働的な学びから言葉の位相・文の構造を知り、生徒個々の考えを形成・深化させつつ、集団の考えも発展させる学びが重要になると考える。今回はこれらを踏まえ、大きく二点に留意し実践を行った。

　一つ目に、小説の読み方の獲得とその運用力を身に付けること（メタ認知）を意識した。そのために、内容解釈のみに拘泥せず、文章の表現に着目し、その理解が他の作品を読む場合にも活用できることを生徒たちに感得させた。

　二つ目は、その感得を協働的な学びから導き出すことである。個人の主体的かつ丁寧な読みを反復し、グループやクラスでの意見交流で検討し、自らの考えを深めたり発展させ、文章を評価する視点を獲得させることをめざした。

【学校・学習者の状況】

　本校は進学校であり、生徒たちの学力も高い。ただし、個々の読解がそれ相応のものであるがゆえに、他者の読みが自らの読みをさらに深めるといった体験が希薄ともいえる。今回の授業実践は、表現を分析するような力を持つからこそ、他者との協働的な読みを通してより高次な自己の読みを再構築できることを生徒に感得させたいという思いから発したものでもある。

2　単元指導計画

【科目】現代文B　　【実施時期】3年生1学期
【学習活動の概要】

1　単元名　小説の読み方の自覚を深めよう
2　単元の目標 ・文章を読んで、書き手の意図や、人物・情景・心情の描写などを的確に捉え、表現を味わおうとする。(関心・意欲・態度) ・文章を読んで、書き手の意図や、人物・情景・心情の描写などを的確に捉え、表現を味わう。(読む能力) 指導事項(1)イ ・文章を理解するのに必要な基本的な知識や語句を理解する。(知識・理解)
3　取り上げる言語活動と教材 (1)言語活動　一人称語りの小説における機能を学び、批評文を書く。 (2)教材　　　「檸檬」(「山月記」「七番目の男」「こころ」)

4　単元の具体的な評価規準

関心・意欲・態度	読む能力	知識・理解
文章を読んで、書き手の意図や、人物・情景・心情の描写などを的確に捉え、表現を味わおうとしている。	文章を読んで、書き手の意図や、人物・情景・心情の描写などを的確に捉え、表現を味わっている。	文章を理解するのに必要な基本的な知識や語句を理解している。

5　単元の指導計画

次	学習活動	言語活動に関する指導上の留意点
第1次	1. 初読の感想を書く。 2. テーマ・結末を考える。	・作品自体をしっかり読ませる。 ・発問を意識した深い読みを促す。
第2次	1. 自らの考えを深める。 2. グループで話し合う。	・読みと着眼点の共有、本文再読に基づく思考深化を促す。
第3次	1. グループ毎に発表を行う。 2. 小説の時間表現・語り手について理解する。 3. 他の小説の読み方に活用する。	・各班の発表を即時評価する。 ・「檸檬」の時間表現の機能と一人称語りの構造と機能を理解させる。 ・既習小説の同表現の発見を促す。
第4次	1. 全体の振り返りを行う。 2. 「檸檬」の批評文を書く。	・小説様式の特徴を感得させる。 ・読みの深化を自覚させる。

3　全体の授業の流れと指導・評価のポイント

●事前準備について

1　既習の一人称の語りが現れる作品を、指導目的に照らし合わせて捉え直しておく。
2　一人称の語りについての知見を深めておく。
3　自らの思考の深まりを感じられるワークシートを用意する（6点、内2点▶p.151）。

	学習活動	指導・評価のポイント
第1次（1時限）	1　「檸檬」を精読し、初読の感想を書く。 (1)十分な時間黙読し感想を考える。 2　作品テーマについて自分の考えを持つ。 (1)隣近所の席の者と意見交換する。 (2)意見交換内容も踏まえて感想・発問についてワークシートに記入する。	1 (1)問いを提示し、それを意識した深い読みを促す。 2 (1)他者の意見がより深い読みを喚起するよう促す。 (2)ワークシート（アプローチⅠ・Ⅱ） <u>評価規準</u>　文章を読んで書き手の意図や、人物・情景・心情の描写などを的確に捉え、表現を味わっている。（関心・意欲・態度） <u>評価方法</u>　記述の確認
	実践例 ▶p.150	
第2次（2〜3時限）	1　配布の「初読感想・思考集」を読み、自らの思考を深める。 (1)多様な読みとその着眼点を認識する。 (2)新たな発見、考えの比較、自分の考えの変化をワークシートに記入する。 2　「檸檬」が「私」にもたらすものは何か、グループで話し合う。 (1)自分の考えを述べるとともに他者の考えをメモをとりながら聞く。 (2)常に本文表現と照合させながら考える。	1 (1)多様な読みとその着眼点を共有させ、本文の読み直しに基づいた自らの思考の深化を促す。 (2)ワークシート（アプローチⅢ）▶p.151 生徒の思考の方向性を少しずつ微調整する。ワークシート（アプローチⅣ）▶p.151 2 (1)内容解釈ではなく、特徴的な表現・構成の工夫とその効果に着目させる。 (2)本文→思考→本文のプロセスを徹底させる。ワークシート（アプローチⅤ）

次	学習活動	指導上の留意点・評価
第2次 (2〜3時限)	3 「不吉な塊からの解放」がいかに表現されるか、グループで話し合う。 (1)2についての各班の意見を集約する。 (2)集約された意見について、その根拠となる表現や構成を考える。 (3)グループで発表の準備をする。	評価規準 文章を読んで書き手の意図や、人物・情景・心情の描写などを的確に捉え、表現を味わっている。(読む能力) 評価方法 記述の確認

実践例 ▶ pp.150〜151

| 第3次
(4時限) | 1 グループ毎に発表を行う。
(1)各班の発表をメモをとりながら聞く。
2 小説の時間表現について理解する。
(1)小説前半と後半の対比について考える。
(2)前半後半の分かれ目を考える。
(3)抽象的期間と具体的時間の書き分けが持つ小説内の機能を学ぶ。
3 一人称小説の語り手と機能を理解する。
(1)時間の経過と心情変化を把握する。
(2)「檸檬」の語り手の位置を確認する。
(3)語り手の語りに小説の結末への契機が内在していることを学ぶ。
4 「檸檬」で学んだ内容が他の小説の読み方に活用できるか検討する。
(1)グループで扱う作品を決める。
(2)時間表現や語り手の結末を予想させる表現を探す。 | 1 (1)各班の特徴的な着眼点や意見を即時評価する。
2 「檸檬」おける時間表現の機能と一人称の語りの構造と機能を理解させる。
3 小森陽一の論文を引用し、生徒の思考を言語化し位置付ける一助とする。
4 既習「七番目の男」「山月記」「こころ」を再読させ、「檸檬」と同様な機能を持つ表現の発見を促す。ワークシート(アプローチⅥ)
評価規準 文章を読んで書き手の意図や、人物・情景・心情の描写などを的確に捉え、表現を味わっている。(読む能力)
評価方法 記述の分析 |

実践例 ▶ pp.151〜153

| 第4次
(5時限) | 1 小説の表現と機能について全体の振り返りを行う。
(1)各班の発表をメモをとりながら聞く。
(2)様式としての「小説」の読み方を獲得する。
2 「檸檬」の批評文を書く。
(1)第3次の2・3の学習内容を生かし、批評の根拠・理由が、本文表現中から明確である文章を作成する。 | 1 一人称で語られる小説に共通する特徴を全体に感得させる。
2 「感想・思考集」と比べ初読時との読みの深度の違いを感得させる。
評価規準 文章を理解するのに必要な基本的な知識や語句を理解する。(知識・理解)
評価方法 記述の分析 |

実践例 ▶ p.154

4　授業実践の実際

第1次（1時限目）

●**指導目標**
1. 「檸檬」を精読し、テーマについて本文を根拠に自分なりの考えを持つ。
2. 他者との意見交換を通して深く考える。

●**本時の展開**
1. 「檸檬」を精読し初読の感想・テーマについての考えを書く。
2. 近い席の者とペアで意見交換する。
3. 他者の意見を踏まえテーマについての考えをワークシートに記入する。

●**指導の実際**
3　他者の意見を踏まえテーマについての考えをワークシートに記入する。
教師　考えの根拠は必ず本文中から探そう。他の人から学んだことはどんどん踏まえよう。

　めざすものが主観的印象批評ではないことを認識させつつ、展開2の意見交換が、自分のより高度な読みへの契機になることを意識させる。

第2次（2〜3時限目）

●**指導目標**
1. 他者やグループ内の発言に耳を傾け、自らの思考を深める。
2. 登場人物の考え、置かれている状況などを表現に即して的確に捉える。

●**本時の展開**
1. 配付の「初読感想・思考集」を読み、自らの思考を深める。
2. 「檸檬」が「私」にもたらすものは何か、グループで話し合う。
3. 「不吉な塊からの解放」がいかに表現されるか、グループで話し合う。

●**指導の実際**
1　配付の「初読感想・思考集」を読み、自らの思考を深める。
　「初読感想・思考集」（前時のワークシートを集約したもの）を配付。この段階で既に表現などに着目した客観的な考えが出ていたため、このネーミング

にした。❗ポイント1 ▶ p.156

教師 いろんな読みや着眼点が出ていて面白くないか？

生徒から自然と出た「面白い」「すごい」といった感想を全体で共有。これが、２度目３度目の自発的かつ深い全体の読みを生徒にもたらした。

ここでも、他者の意見から考えたことや、テーマについてあらためて考えたことを、ワークシート（右）に記入させた。

【ワークシート（アプローチⅢ・Ⅳ）】

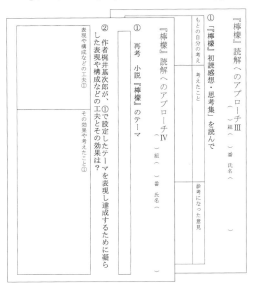

第３次（４時限目）

●指導目標

1 時間表現と一人称語りと機能を理解する。
2 「檸檬」で学んだ内容が他の小説の読みに活用できるか検討する。
3 登場人物の考え、置かれている状況などを表現に即して的確に捉える。

●本時の展開

1 グループ毎に発表を行う。
2 小説の時間表現について理解する。
3 一人称小説の語り手の位相と機能を理解する。
4 グループ毎に他作品について考える。

●指導の実際

1 グループ毎に発表を行う。

「不吉な塊からの解放」がいかに表現されているか、班毎に発表させ、各

班の特徴的な着眼点や意見を即時評価した。発表概要は以下のとおり。
①前半と後半の表現手法の違いから「私」の「解放」を読むパターン
・「　」が後半に限られること。主人公が生き生きと描かれ始める。
・文の主語が後半「私」になり、能動的になる。主体性の獲得。
・五感に基づく描写が現れ、人間性の回復を感じさせる、など。
②語り手の視点から「私」の「解放」を読むパターン
・過去の「私」を語り手「私」が相対的に語る表現に着目。相対化は、語り手の現在が「解放」されていることに基づいている。

2　小説の時間表現について理解する（上記①のパターンについて）。

教師　前半と後半で表現の仕方が違うという発表が沢山あったが、そもそも前半と後半の境目はどこか？　境目を表す表現はどのようなものか？

生徒の発表をベースとして、小説の前半と後半の境目に着目させる。

教師　そもそも小説は最初に何を語らなければならないか？　それは、短時間のことや一つの出来事から語れるものか？　後半はどうか？

完結する小説の多くは、前半で人物設定や取り巻く状況が、後半で心情変化をもたらす出来事が語られる。必然、前半は一定の抽象的期間を表す表現（その頃・あの頃等）が多くなり、後半は特定の具体的日時を表す表現（ある朝・その日等）が多くなることを認識させる。

教師　時間表現に注目すれば、何が分かるか？

時間表現への着目が小説の構造理解や読解深化に繋がり、その上で前半と性質の異なる後半の表現が結末に繋がっていくという読み方を獲得させた。

3　一人称小説の語り手と機能を理解する（②のパターンについて）。

教師　主人公の心情を分かりやすく図示しよう。時間にそっていくと、最初主人公の心情はマイナス？　プラス？　それが切り替わるきっかけは？

「私」の気持ちの抑圧・高揚を時間軸にしたがって心情曲線で図示化。語り手の位置を理解するための布石だが、図示により感覚的だった展開についての認識の再構築が行われた。　❗ポイント2 ▶ p.157

教師　語り手はこの図ではどこにいるのか？語り手のいる地平は？

【板書例（主人公の心情の図示）】

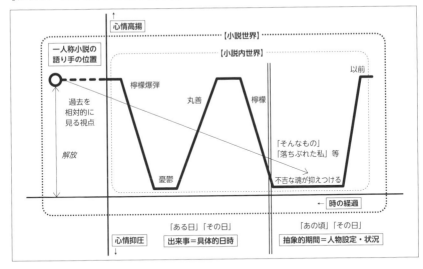

　高揚して作品は終わるが、語り手はさらに時間軸のその先に存在し、過去を振り返る。語り手の視点が抑圧された地平にないからこそ、「そんなもの」「落ちぶれた」など過去を相対的かつレベルの低いものとして語る表現がなされる。つまり、結末が示される前に「私の解放」は示されていることを認識させる。一人称小説には結末を知る語り手が設定され、その表現に物語結末の契機が内在することを意識する読み方を獲得させた。

　一人称小説の特徴をまとめた小森陽一『出来事としての読むこと』（東京大学出版会、1996）を配り、生徒の思考の普遍性を示しつつ、思考を言語化した。

4　グループ毎に他作品について考える。

教師　今回学んだことは他の小説にも通用するのか確かめてみよう。

　班で、一人称の語りがある既習の小説作品を選び、展開2・3で学んだ時間表現や語り手の結末を予想させる表現を探す。　❶ポイント3 ▶ p.157　使用作品は「七番目の男」「山月記」「こころ」。「七番目の男」「山月記」は全てが一人称語りではないこと、「こころ」は遺書であること等の違いも確認した上で取り組ませた。

第4次（5時限目）

◉**指導目標**
1. 小説における表現の機能を理解し、客観的に作品を捉え批評文を書く。
2. 登場人物の考え、置かれている状況などを表現に即して的確に捉えようとする。

◉**本時の展開**
1. 小説の表現と機能について全体の振り返りを行う。
2. 「檸檬」の批評文を書く。

◉**指導の実際**

1 小説の表現と機能について全体の振り返りを行う。

作品名や注目した表現を挙げ、その機能を発表させた。その際、各作品について第3次で扱った心情曲線と語り手の位置を用いて発表させた。

教師 「檸檬」と表現や構造が最も似ている作品は？対極にある作品は？

時間表現はどの作品にも同様に存在すること、語り手の位置は、一人称語りと三人称語りが混在する「山月記」が把握が一番難しく、逆に一人称語りが独立している「七番目の男」が「檸檬」に最も似ていること、語り手の結末を予想させる表現は各作品に見られるが、「山月記」は、自己を振り返る語り方が不安定で、結末が予想しにくいこと、などが発表から理解できた。

2 「檸檬」の批評文を書く。

教師 今回身に付けたことを使い、「檸檬」はどんな作品なのか批評文を書こう。批評の根拠は本文表現と照合させよう。他作品と比較してもよい。

今回の授業の総まとめとして取り組ませた。以下は生徒の批評文の要点。

- 人物の状況（前半）と変化の契機となる出来事（後半）が明確に読み分けられるため、対比が容易で、それが結末の鮮明さにつながっている。
- 結末に向けて、主語や五感を用いた表現などが効果的に用いられた作品。
- 主人公と同一の語り手が安定した視線を持っているため、細かな心情の移り変わりとその意味付けが分かりやすく、結末への展開がスムーズで、その結末が読者に小気味良い開放感や未来への希望を感じさせる。など。

5　授業実践の成果と課題

　小説作品を、単体の魅力ある作品と捉えその内容を解釈していく授業は、その作品の固有性を生徒に伝えていく上では有効性を有しているが、そこで学んだことは、その教材のみにとどまるものとなりやすい。今回は、一つの作品の読みを通し、その作品の表現への着目を契機に、小説という様式自体が持つ性質にまで生徒に気付かせ、そこから作品を深く読むための方途を獲得させることを最重要視して行った。

　そういった目標を達成するためには、生徒の主体的に本文を読み進める力が不可欠であると考え、授業内で、本文を読む→課題発見・意見交換（個人・ペア・グループ）→新たな読みの視点の獲得→本文を読む→検証・共有というサイクルを繰り返し、生徒が目的意識を持って本文を何度も読み返し、その過程で小説を読むための方途を獲得するというプロセスを大切にした。授業者が過去に行ってきた、内容解釈を丁寧に行っていく授業は、ともすれば生徒が受け身になりやすかったが、今回は、生徒から本文を解釈しようとする明確な意志を毎時感じることができた。生徒にとって自身の力でその作品の本質に迫ることができたことは大きな喜びであり、小説を読む動機にもなる。じっくりと読み考える時間を確保し、ペアやグループ、クラス全体での対話を重ねたことで、個としての思考力や想像力に広がりと深まりが見られたことが大きな成果である。

　今後の課題として、今回は「檸檬」から既習の小説作品の読み返しへと向かったが、新たな作品に向かう方法もあったのではないかということである。

　今回の授業では、一人称の語りがある小説に限定した形で読みの方途獲得を行ったが、三人称の語り、融合した語りなど別のパターンには対応していない。今後は、今回の授業を一つの契機とし、他の語りのパターンにも対応できる力を身に付けさせる授業を行っていきたい。

　　　　　　　　　　　　　　　　　　　　　　　　　　　（土門高士）

この実践ここがポイント❗

■授業の解説

　本実践は「檸檬」の内容を単に読み取るのではなく、一人称小説を読むという視点から、文章の組み立てや展開をたどりつつ、語り手＝文章中の人物（私）のものの見方、感じ方、考え方を生徒自身が追究し、最終的には批評文を作成するという学習活動である。

　「檸檬」のようになかば定番化した教材は、その指導方法が固定化しやすく、教師側の解釈が先行しやすいと思われる。本実践では、生徒が既習の小説の読み方（知識）を活用して、文章の表現から読み取ったことを、交流活動によって共有し、そこから**作者の表現に込めた意図に気付くこと**を重視している。

　授業者が小説の導入で大切にしていたのは、「自らの読みが尊重されている」という実感を生徒に持たせることである。授業では、初読の感想を、教師が読みの視点に応じて分類し、「初読感想・思考集」とし生徒へ返却している。❗ポイント1 ▶ p.151　「思考」としているのは、感想が主観的で印象に終始したものにならないように、根拠を明記させたことに拠っている。この文集を用いた意見交流では、「なぜそう読んだのか」という、感想の発露となった根拠（表現に基づいた解釈）に対する関心が高く、作者の表現意図を考える端緒になったともいえる。

　小説の展開において、本文の表現に着目し、作者の表現意図を生徒自らの言葉でまとめる学習過程は、主体的に作品に向き合い、読むことに対する自覚を深めることになる。生徒の感想文に多く見られた一人称小説に共通している「私」を全体で検討すべき課題として取り上げ、「私」がどのように機能しているかグループで意見をまとめ発表させた。発表内容は、教師が黒板ですぐに分類・整理するが、そこから再度文章に戻り、内容の検証と他に異なる気付きはないか生徒の「読み」に揺さぶりをかけている。この際の、ワークシートで考えを整理し、ディスカッションで考えを広げ、振り返りによって考えを深めるという学習過程には、様々な言語活動が展開されている。さらに、一つの単元の中でこれが繰り返されることで、思考形成の過程がより高次化し、単元のゴールである「批評文」を書くための言葉を蓄積すること

にもつながっている。

　教科書教材において「人称」に着目することは、主観的な読み方から客観的な読み方へ移行する糸口になると考える。生徒が小説を読むとき、多くの場合は主観的に読むことから始まる。このことは、今回のように生徒があらかじめ「檸檬」を一人称小説であることを知識としては理解していたとしても、語り手の存在を忘れて読み進めることがある。

　そこで、本実践では授業の振り返りとして、「主人公の心情を図示」させ、その上で、さらに「語り手の位置」も同じ図の中で確認させている。 ポイント❷ ▶p.152 加えて学習の過程で取り上げた、状況の変化やそれが分かる表現を図に取り入れ、あらためて**読み取った内容を構造化する**という学習活動に取り組んでいる。

　授業の後半では既習の小説との比較も行っている。 ポイント❸ ▶p.153 他者との交流や、教師からの新たな視点の提示によって、ある意味固定化した「小説の読み方」が変化していくという生徒にとっての実感は、主体的な学びの育成につながっている。「伝え合う」学習において、「合う」が成立するためには、互いの「問い」が不可欠であるが、その前提は、生徒自身がしっかりとした考えを持っていることである。学習のそれぞれの過程で、**考えを形成し深める力**を育む場を教師がコーディネートすることが、国語科における思考力・判断力・表現力等の育成には大事である。批評文を書くことは、学んだことを相対的に捉え直し、自己の学習を振り返ることになるだけでなく、評価の視点を獲得することでもある。生徒の批評文（▶p.154）に見られる、作品の結末に向けての評価は、小説全体を表現に即して丁寧に読んだことに基づくが、そこには、作品を俯瞰的に読むという、生徒自身が獲得した自覚的な読みが認められる。

■今後の展望

　今後、本文を読む→課題発見・意見交換（個人・ペア・グループ）→新たな読みの視点の獲得→本文を読む→検証・共有というサイクルの中で、小説の読みにおける深まりをどこで、どのように、学習評価につなげていくかを考えていく必要がある。

（熊谷禎子）

実践編 ⑦　　読むこと

漢文をシナリオに書き換える
―協働学習と朗読劇―

古典A

1　授業実践のねらいと背景

　実社会で古典の知識そのものを活用できる機会は多くないかもしれない。特に理系希望者の中には、高等学校で学習するのを最後に、古典そのものに触れる機会をなくしてしまうという者もいるだろう。しかし、我々は古典作品を読むことで自国の文化を知り、ものの見方や感じ方をより豊かなものにしているはずである。

　そこで、本実践では、学習指導要領の「古典A」の内容(1)アの「古典などに表れた思想や感情を読み取り、人間、社会、自然などについて考察すること。」を目標とし、その実現のために(2)アの「古文や漢文の調子などを味わいながら音読、朗読、暗唱をする」という言語活動を取り入れて行うこととした。用いる教材文は「鬼」(幽霊)が登場する物語であり、テレビやゲーム等で妖怪に強い関心を持っている生徒たちにとって親しみやすい作品である。具体的には、漢文で書かれた物語を朗読劇のシナリオに書き換えて発表し、グループで話し合う学習指導を通して、古典に親しむ態度を養い、創造力や感性を働かせて表現したり、自分の思いや考えを深めたりすることにつなげることとした。

【学校・学習者の状況】

　本校では大学受験を念頭に置いた学習指導を行っており、生徒は学習に対して概ね高い意識を持っている。しかし、中には古典の学習について受験科目としての興味や関心しか示さない生徒もおり、理系希望者にその傾向は顕著である。また、基本的に知識を習得することは得意だが、みずから課題を発見して、そのことに対する自分の考えを表現したり、他者との対話を通して考えを深めたりすることは、必ずしも得意ではない。

2　単元指導計画

【科目】古典 A　　【実施時期】2 年生後期（2 月）
【学習活動の概要】

1 単元名　古典を読んで、人物、情景、心情などを読み取ろう。
2 単元の目標 ・古典などに表れた思想や感情を読み取り、人間、社会、自然などについて考察しようとする。（関心・意欲・態度） ・古典などに表れた思想や感情を読み取り、人間、社会、自然などについて考察する。 　　　　　　　　　　　　　　　　　　　　　　　　（読む能力）指導事項(1)ア ・訓読のきまりや句法、語句の意味を理解する。（知識・理解）
3 取り上げる言語活動と教材 (1)言語活動　漢文で書かれた物語を朗読劇のシナリオに書き換えて発表し、グループで話し合う。 (2)教材　　　「売鬼」【出典】干宝『捜神記』（第一学習社『古典 A』）

4 単元の具体的な評価規準

関心・意欲・態度	読む能力	知識・理解
古典などに表れた思想や感情を読み取り、人間、社会、自然などについて考察しようとしている。	古典などに表れた思想や感情を読み取り、人間、社会、自然などについて考察している。	訓読のきまりや句法、語句の意味を理解している。

5 単元の指導計画

次	学習活動	言語活動に関する指導上の留意点
第 1 次	1. 本単元の学習の見通しを持つ。 2. 教材文を通読し、語句の意味や訓読のきまりに注意しながら本文を現代語に訳し、物語の展開と登場人物の性格などを読み取る。	・図書館を利用して調べ学習を行い、漢字や漢語の特質について考えさせる。 ・個別学習後にペア・ワークを行い、自分と違った他者の読みに気付かせる。
第 2 次	1. 物語の展開や人物描写などを読み味わいながら朗読劇のシナリオに書き換え、他者との対話を通して、作品に描かれた人物、情景、心情などについて考察する。 2. 本単元の学習の振り返りを行う。	・朗読劇のシナリオに書き換えるワークシートは、枠組みとして登場人物とその台詞を記入する欄を設ける。 ・グループメンバーに偏りができないよう班を編成し、進め方を工夫する。 ・他者の発表を聞いて、すぐれている点や参考になる点を記録するように指示する。 ・シナリオに書き換える過程での気付きや、他者との対話を通しての考えの深まりや気付きを、具体的に書くように指示する。

3　全体の授業の流れと指導・評価のポイント

●事前準備について

1　教材文を通読し、本文を現代語に訳して物語の展開と登場人物の性格を理解しておく。

2　作業用のワークシート（学習プリント）を作成する。

> 【学習プリント①】　▶p.167
> ・語句の意味と訓読のきまりについて調べる。
> ・物語の展開（ストーリー）と登場人物の行動・性格・心情についてまとめる。
> 【学習プリント②】　▶p.167
> ・現代語訳をもとに本文を朗読劇のシナリオに書き換える。
> ・グループ・ワークや全体の発表等を通して深めた自分の考えや気付きを文章にまとめる。

3　朗読劇のシナリオを書き換えるワークシートは、枠組みとして登場人物とその台詞を記入する欄を設ける。また、通常のシナリオには「ト書き」があることなども紹介する。

4　グループ・ワークをしたり、全体で発表したりするので、メンバーに偏りができないように班を編成し、進め方を工夫する。

	学習活動	指導・評価のポイント
第1次（1〜2時限）	1　単元の学習活動の見通しを持つ。 2　教材文を通読する。 3　図書館を利用して漢字や漢語について調べる。 (1)漢和辞典と参考書を活用する。 (2)調べながら感じたことや気付いたことを発表する。 4　現代語に訳す。	2　範読をした後、1文ごとに斉読させる。 3　「学習プリント①」▶p.167 (1)(2)漢字や漢語の特質について考えさせる。 <u>評価規準</u>　訓読のきまりや句法、語句の意味を理解している。（知識・理解） <u>評価方法</u>　記述の点検 4　前時の学習を振り返りながら、語句の意味と訓読のきまりを理解した上で、現代語に訳すことができているか確認する。

第1次（1〜2時限）	5　物語の展開（ストーリー）と登場人物の行動・性格・心情について考える。 (1)自分の読みを書く。 (2)ペア・ワークを行い、自分と違った他者の読みを書く。	5　(1)5W1Hを押さえて簡潔にまとめさせる。登場人物の行動から性格や心情を分析させる。 (2)他者の読みについて、不明な点は質問をしたり、自分の考えを伝えたりするように指示する。 評価規準　古典などに表れた思想や感情を読み取り、人間、社会、自然などについて考察している。（読む能力） 評価方法　記述の分析
第2次（3〜4時限）	1　朗読劇のシナリオに書き換える。 2　シナリオに基づいて朗読劇を発表する。 (1)グループで発表する。 (2)クラス全体で発表する。 3　この小説の面白さや、作品に表れた登場人物の思想や感情、人間や社会について考え、文章にまとめる。 (1)グループで話し合う。 (2)話し合いを通して深めた自分の考えや気付きを文章にまとめる。 4　単元の学習活動を振り返る。	1　「学習プリント②」▶ p.167 前時の学習を振り返りながら、現代語訳を踏まえて書き換えさせる。 評価規準　古典などに表れた思想や感情を読み取り、人間、社会、自然などについて考察しようとしている。（関心・意欲・態度） 評価方法　行動の観察 2　発表を聞きながら、他者のすぐれている点や参考になる点をメモするように指示する。 3　(1)シナリオに書き換える過程や朗読劇の発表を通して感じたことや気付いたことを考えさせる。 (2)他者との対話を通してどのように考えが深まり、どのようなことに気付いたかを具体的に書くように指示する。 評価規準　古典などに表れた思想や感情を読み取り、人間、社会、自然などについて考察している。（読む能力） 評価方法　記述の分析

実践例 ▶ pp.162〜164

4　授業実践の実際

第2次（4時限目）

●指導目標
1. 古典などに表れた思想や感情を読み取り、人間、社会、自然などについて考察しようとする。
2. 古典などに表れた思想や感情を読み取り、人間、社会、自然などについて考察する。

●本時の展開
1. 前時までの学習内容を確認する。
2. グループになり、朗読劇のシナリオをそれぞれ発表する。
3. グループ内で特にすぐれた作品を選び、クラス全体で発表する。
4. この小説の面白さや、文章に描かれた人物、情景、心情などについて考えてグループで話し合い、対話を通して深めた自分の考えや気付きを文章にまとめる。
5. 本時の学習を振り返る。

指導の留意点　他者の発表を聞いて、すぐれている点や参考になる点を記録するように指示する。

●指導の実際

1. **前時までの学習内容を確認する。**

教師　前時までのノートとワークシートを見直しながら、本文の内容を振り返ろう。

・本文を音読させる。（範読→斉読）
・語句の意味や訓読のきまりについて捉えることができているか、数名を指名して発表させ、要点を板書して全体で確認する。

2. **グループになり、朗読劇のシナリオをそれぞれ発表する。**

教師　グループを作って自分で書いたシナリオをそれぞれ発表しよう。

・一つのグループが4～5名になるように指示を出し、司会進行係（まとめ役）を決めさせる。

・自分で書いたシナリオを朗読劇として発表させる。
・発表を聞きながら、他者のすぐれている点や参考になる点を記録するように指示する。

3　グループ内で特にすぐれた作品を選び、クラス全体で発表する。
・グループ内で最もすぐれた作品を選ばせる。
・発表の仕方を話し合わせる。
・発表を聞きながら、他者のすぐれている点や参考になる点を記録するように指示する。

4　この小説の面白さや、文章に描かれた人物、情景、心情などについて考えてグループで話し合い、対話を通して深めた自分の考えや気付きを文章にまとめる。

教師　漢文で書かれた文章の内容や文章に描かれた人物、情景、心情などについて考えてグループで話し合い、対話を通して深めた自分の考えや気付きをワークシートに記入しよう。

・シナリオに書き換える過程で気付いたことはなかったか、注意を促す。
・他者との対話を通してどのように考えが深まり、どのようなことに気付いたかを具体的に書くように指示する。　❗ポイント1 ▶ p.170

【生徒文例】

> 生徒A　自分の読みの中で不思議に思っていたのは、幽霊が羊に化けるという場面であった。特別理由もなく羊に化けてしまったという部分が謎であり、最初は羊を化けさせたという誤読をしてしまった。しかし、友人の幽霊の考察、具体的には幽霊は人ごみでは姿を保てないのではないかという意見を受けて、その理由が正しいとか間違っているとかいう問題ではなく納得できた。これが小説の読みなんだと分かった。
>
> 生徒B　シナリオに書きかえた物語を聞いたことで、様々なアレンジや表現方法があることが分かった。またこのように、同じ内容から多種多様な物語を生み出せるのは、漢文が必要最低限のことしか書かれていない、シンプルな文章だからだということを実感した。

生徒C　登場人物がなぜその行動をしたのか、という動機が不明瞭なところが多く、読者が自由に内容を捉えることができる話だと思う。漢文だとかたい印象だけれど、現代語訳だとおもしろくなったり怪談になったりと様々だった。笑い疲れました。内容忘れなさそう。

5　本時の学習を振り返る。

・ワークシートの自己評価欄に記入させ、終了後に提出させる。

【第1次（2時限）における生徒文例】

生徒		物語の展開（ストーリー）	登場人物の行動・性格・心情
A	自分の読み	定伯は若い頃自分を幽霊と偽り、本物の幽霊と共に市場へ向かった。市場へ着くと幽霊を羊に変えてそれを売り、銅銭千五百文を得た。	定伯…幽霊をだまし、銭を手に入れようとした。 幽霊…定伯は幽霊でないように感じたが、定伯の「死んだばかり」という言葉にだまされた。
	他者の読み	幽霊が自ら羊になった。	定伯→頭が切れる。 幽霊→だまされやすい。
B	自分の読み	定伯が鬼と出会った危機から市場で鬼を羊にして売り、千五百銭を得た話。	定伯 ・「我亦鬼。」→鬼が怖い。 ・「我新鬼。故身重耳。」→嘘つき。弱虫。 ・「我新鬼。不知有何所畏忌。」→弱点を知りたい。倒したい。賢い。 鬼　純粋
	他者の読み	定伯が市場で羊となった鬼を売った話。人間がたくさんいるので、鬼は自ら羊となった。	定伯　お金好き。ずる賢い。 鬼　臆病。

5　授業実践の成果と課題

(1)研究のまとめ

　ワークシートの分析から、生徒は現代語訳に基づいて本文の内容を正しく理解した上で、独自の読みや解釈を反映させて、創造力や感性を働かせながらシナリオに書き換えていることが分かった。例えば、生徒A（▶ p.168）は、冒頭部分でナレーターに宋定伯が金銭を必要としていた背景を語らせたり、登場人物の言葉遣いをそれぞれ変えることでキャラクターを表現したりしている。また、結末は、ただの羊としてではなく、「幽霊が化けた羊」として売ったことにより大金を手に入れることができた、という解釈を加えている。一方、生徒B（▶ p.169）は、物語の全編を語り手一人が語るという形式のシナリオに書き換え、本文の最後に登場する石崇を語り手役としている。また、登場人物のキャラクターについて、宋定伯は利口だが欲深い人物、幽霊は美女という設定をし、幽霊が美女ゆえに化けた羊も美しく、最後は食用としてではなく羊毛が高値で売れたという解釈をしている。

　さらに、同じワークシートの分析から、グループ・ワークや全体発表等の他者との対話を通して、小説としての漢文の読み方や漢文の特質について、自分の思いや考えを深めることができていることが分かる。

　以上のことから、第2学年「古典A」の「読むこと」の授業において、漢文で書かれた小説を朗読劇のシナリオに書き換えて、その成果をグループやクラス全体で発表する学習は、古典に親しむ態度を養い、創造力や感性を働かせて表現するための資質や能力の育成につながるといえる。さらに、言葉を通じて他者と関わる協働的な学びを通して、生徒は主体的に学習に取り組みながら、自分の思いや考えを深めることができるようになるといえる。

(2)今後の課題

　高大接続改革が推進される中で、高等学校においては言語活動の積極的な導入や、生徒が主体的・協働的に学ぶことを促す方法の進化が課題となっている。しかし、ともすると言語活動を行うことばかりに囚われて、言語活動それ自体が目的化されかねない。

　今回取り上げた協働的な学習は、生徒の古典に対する関心・意欲の喚起と言語文化の特質に対する理解に一定の成果があったといえるが、シナリオに

書き換える過程で話し合う言語活動を行うことで、言語文化の特質に対する理解をより深めることができるに違いない。また、学習指導要領の古典A(1)ウの「古典などを読んで、言語文化の特質や我が国の文化と中国の文化との関係について理解すること。」を踏まえて伝奇的な日本古典と読み比べ、(2)ウ「図書館を利用して古典などを読み比べ、そこに描かれた人物、情景、心情などについて、感じたことや考えたことを文章にまとめたり話し合ったりすること。」を踏まえた言語活動を行うことで、自国の文化および異文化についての理解を深める学習ができるはずである。

　つまり、生徒に身に付けさせたい能力や資質に即した言語活動を今後も積極的に取り入れていかなければならない。そして、意図した資質や能力が取り上げた協働的な学習によって身に付いたかどうかを見取るための具体的な学習評価の方法についても、引き続き検証してゆく必要があると考える。

（大竹伸輝）

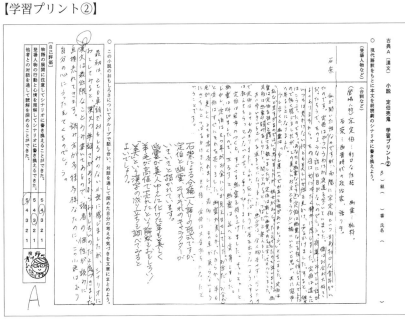

【生徒文例（シナリオ）】

〈生徒A〉

（登場人物など）	（台詞など）
ナレーター	世は動乱の時代、人々はその渦に巻きこまれ、生活に苦しんでいた。ここは南陽。ある若い男、宋定伯は家族のために、金銭を得るため、日々暮らしていた。
宋定伯	「働かないからって俺を追い出すんじゃねーよ。ふざけんなよなー。あー楽して金稼いで家に持ち帰って親をギャフンと言わせてやりてーなー。」
ナレーター	そう言いながら歩いていると、目の前に、何か奇妙な雰囲気をもつ男が現れた。
宋定伯	「あんたは何者だ。」
鬼	「私は通りすがりの幽霊ですが何か？」
宋定伯（心）	（本気か！こわ～）
鬼	「どうしましたか？まさか怖いのですか？」
宋定伯	「怖くねーよ。だって俺も幽霊だぞ。」
（心）	（やっべ～。うそいっちまったよ。）
鬼	「そうですか。今から仲間たちとパーティー開くんですけど一緒にどうですか？」
宋定伯	「ご、ごめん、俺いまからちょっと宛の市に軽く遊びにいきたいんだ。」
鬼	「じゃあ私もちょっとパーティーもあきたので行きます。」
ナレーター	（こうして二人で宛の市場に行くことになった。）
鬼	「あなたはとても歩くのが遅いですね。お互いをおぶって交互に行くのはどうですか？」
宋定伯	「いいですよ。」
ナレーター	（鬼は先に定伯をおぶって数里いった。）
鬼	「きみはとても重いですね。もしかするとあなたは幽霊ではないんじゃないんですか？」
宋定伯	「私はなりたての幽霊なので重いわけなのです。」
ナレーター	（定伯は鬼を再びかつぐと重さがほぼなかった。）
宋定伯	「私はなりたての幽霊です。幽霊というものは何をいやがりますか。」
鬼	「ただ唾だけが苦手です。」
ナレーター	（ここで川が目の前にあった。）
（心）	（確信した。そこで人の多い宛で退治すると決めた。）
ナレーター	定伯は川を渡るとじゃぶじゃぶ音がした。
鬼	「どうして音がなるのですか。やっぱり幽霊ではないのですか？」
宋定伯	「だから死んだばかりでなれてないの。水の音なっちゃうの。疑うんじゃないよ。」
ナレーター	宛の市に着こうとするとき宋定伯「今でしょ」幽霊を肩の上にのせ、急いでつかまえた。 幽霊は大きな声でわーわーさけび助けを求めた。しかし宋定伯はこれを聴かない。すぐに宛の市につくと、宋定伯は幽霊を下ろした。すると幽

宋定伯 ナレーター 石崇	霊は羊にかわった。 「売っちゃえばお金になるじゃん。」 すぐに売った。幽霊に戻らないよう唾をつけておいた。結局、幽霊として売り、銅銭千五百文を手にした。 「定伯はうまくやった。彼のおかげで羊を売るだけで幽霊だと思いこんでお金をたくさん得られる。お金を得るには残酷さも必要さ。」

〈生徒B〉

石崇	（登場人物）宋定伯…利口な性格。　幽霊…純粋。 　　　　　　石崇…西晋時代の政治家。語り手。 　　私が聞いた話なのですが、南陽に宋定伯というまあ利口な青年がいたのです。定伯はどういうわけか夜道を歩いていました。彼はお金が大好きだったそうで、そのような話には目がないのでしょう。夜道はおいしい話がよくありますから。その日は妙に冷たく静かに感じました。定伯は遠くにいつもは見かけない何とも美しい女性を見かけ、声をかけました。すると、彼女はこう言ったのです。「あなたも幽霊なのですか。」定伯は幽霊などを強く信じる人でしたので怖く感じましたが、この美しいお方ともう少し一緒にいたいと思い、共に宛市へ参ることになりました。 　　少し歩くと、幽霊は「少し遅いのでお互いを担ぎあいましょう。」と言いました。定伯は「私など重すぎるのでは。」と思いましたが、彼女がおっしゃったことでしたので従いました。幽霊は定伯を担ぐとその重さを疑いましたが、定伯は新しい幽霊であるからと言ってスルーしました。定伯は幽霊の弱みをしりたく、聞いてみると、つばだと答えました。 　　共に歩いていると川を渡ることになりました。幽霊は、全く物音せずに歩いたので定伯はとてもあせりました。しかし、死んだばかりで音を出さないようにするのは教えてもらっていないと言って乗り切りました。 　　定伯は宛市につくと、すぐさま幽霊を持ち上げました。キャーキャーと幽霊は叫びましたので、下ろすと、幽霊は羊へと変身しました。しかし、定伯はその羊がお金にしか見えませんでした。「お金だ、お金だ」と定伯はすぐにそれを売りました。幽霊が美しかったからか、羊も毛が美しくとても高く売れました。最後に、その羊が戻らないようにきちんとつばをかけました。その後、定伯は大金持ちになったということです。

この実践ここがポイント❗
■授業の解説

　本実践における漢文で書かれた物語をシナリオに書き換え、朗読劇として発表させる言語活動によって、生徒は漢文への関心を深め、漢文の特質にも気付くことができたであろう。また、グループ・ワークや全体での発表等の言語活動を通じて、**漢文への関心や理解をさらに深める**ことができたに違いない。

　本実践では、「古典A」の内容(1)アの「古典などに表れた思想や感情を読み取り、人間、社会、自然などについて考察すること」を目標として、(2)アの「古文や漢文の調子などを味わいながら音読、朗読、暗唱をする」という言語活動を踏まえて、漢文で書かれた物語をシナリオに書き換え、朗読劇として発表させる学習活動を行っている。同時に、読解上必要な訓読のきまりや句法、語句の意味を調べるにあたり、図書館を利用して、内容(1)ウの「古典などを読んで、言語文化の特質や我が国の文化と中国の文化との関係について理解すること。」につながる学習活動を行っている。

　「古典A」の指導目標は、古典を読むことによって古典に親しむ態度を育てることであるが、p.168 から掲載されている生徒文例からは、<u>朗読劇のシナリオに書き換える過程で独自の解釈を施しながら楽しんで古典を読み味わっており、現代とのつながりや人間、社会について考察していることが分かる</u>。 ❗**ポイント❶** ▶p.163　つまり、生徒は古典に親しみながら、**自らのものの見方や考え方を広げ深めること**ができている。また、個別学習後に行ったペア・ワークやグループ・ワーク等の言語活動が、他者との対話を通して気付きを得る機会となり、自分の考えを深める上で効果があったことは確かである。さらに、自分の考えを文章にまとめて書かせることは、古典に親しむ態度を育てることにとどまらない、**論理的思考力と表現力の育成**につながる学習活動になっているといえるだろう。

　しかし、あくまでも漢文の内容や漢文特有の表現等への関心を引き出すことが「古典A」の指導目標であり、シナリオに書き換えて多様な読みや解釈を引き出すことや、論理的思考力と表現力の育成が直接の目標ではない。本時で身に付けさせるべき資質と能力が「古典に親しむ態度を養い、創造力や

感性を働かせて表現するための資質と能力」だったとすれば、個別学習後に作品の読解を通じて話し合うという手法よりも、第2次の第1時におけるシナリオに書き換える過程で話し合わせる手法のほうがより効果的であったのではないか。

■**今後の展望**

　グローバル化が急速に進展する現代社会において、主体的・協働的に異文化を理解して他者と交流できる人材を育成することが喫緊の課題である。そのためにもまずは自国の文化を理解することが不可欠であり、国語科教育の現場における「主体的・対話的で深い学び（以下「アクティブ・ラーニング」）」を取り入れた古典の学習指導はますます重要になってくるであろう。

　例えば、グループで話し合いながら漢文をシナリオに書き換えるアクティブ・ラーニングについて、グループ内ですぐれた作品があれば、それを土台としてより面白い作品となるように意見を出し合うことで目標が見える協働的な学習となる。さらに、グループ内でナレーター役・定伯役・鬼（幽霊）役というように役割を分担し、グループ全員で朗読劇を行うことで、学習指導要領の「古典A」⑵アの「古文や漢文の調子などを味わいながら音読、朗読、暗唱をする」言語活動となり、台本なしで劇が成立するところまでめざすことで、能動的学習を実現できる。

　また、学習指導要領の「古典A」⑵ウの「図書館を利用して古典などを読み比べ、そこに描かれた人物、情景、心情などについて、感じたことや考えたことを文章にまとめたり話し合ったりすること。」を踏まえたアクティブ・ラーニングとして、ブックトークやビブリオバトル等があるが、本教材を読んでブックトークを行うとすれば、幽霊や怪談といったテーマにしたがって生徒が図書館を利用して本を探し、興味を持った2、3冊をクラス全体で紹介するという学習活動を行うことも可能であろう。日本・中国文学のみならず、海外の文学作品にも触れることで、異文化理解にもつながる可能性を持つ学びの広がりが期待できる。

　　　　　　　　　　　　　　　　　　　　　　　　　　　　（渡邉　剛）

実践編 ⑧　読むこと

和歌から物語を復元する
― 個別学習とグループ学習の往還 ―

古典B

1　授業実践のねらいと背景

　次期学習指導要領について検討している国語ワーキンググループによると、現行学習指導要領の課題に関して、「古典の学習について、日本人として大切にしてきた言語文化を積極的に享受して社会や自分との関わりの中でそれらを生かしていくという観点が弱く、学習意欲が高まらないこと」を挙げている。そして、「古典に現れた思想や感情などが現代の生活や文化とどのような関係性を持っているかについて考察したり、自分と自分を取り巻く社会にとっての古典の意義や価値を探究したりするなど、古典を自分の生活や生き方に生かす観点から、学習を充実することが求められる。」とする。

　本授業では、そのような背景を踏まえて次期学習指導要領の趣旨を実現するため、古典作品の特質や価値を考察することを目標とし、「資質・能力」として、「我が国の言語文化を享受し、生活や社会の中で活用し、継承・発展させようとする態度」を育成することをねらいとする。目標を達成する工夫として、「和歌から物語を復元する」活動を取り入れた。その上で自分たちの復元した物語と『伊勢物語』「あづま下り」本文とを比較すると、単に本文の口語訳を確認するよりも意欲的に、歌物語作品を深く読み味わうことができると考えた。その際、個別学習とグループ学習の往還をすることで、単なる話し合いではなく、一人一人が主体的に自分の考えを形成できるようにした。

【学校・学習者の状況】

　本校の生徒は、素直で授業態度も良好である。しかし、古典の学習に関しては受動的な姿勢が目立つ。本実践は、2年生の主に大学進学希望者が集まるクラス38名に行った。このクラスの生徒は本校の中でも特に、向学心が旺盛で、教師の問いに対しても積極的に発言を行う姿勢がみられる。

2　単元指導計画

【科目】古典B　　【実施時期】2年生1学期
【学習活動の概要】

1　単元名　和歌から物語を復元しよう

2　単元の目標
・和歌から物語を復元する試みを通して、古典を読み味わい、作品の価値を考察しようとする。（関心・意欲・態度）
・和歌から物語を復元する試みを通して、古典を読み味わい、作品の価値を考察する。
　　　　　　　　　　　　　　　　　　　　　　　　　（読む能力）指導事項(1)ア
・古文を読むことに必要な和歌の修辞など、表現の特色について理解する。（知識・理解）

3　取り上げる言語活動と教材
(1)言語活動　和歌から物語を復元することを試み話し合い、成果を発表する。
(2)教材　　　「あづま下り」（『伊勢物語』）ワークシート

4　単元の具体的な評価規準

関心・意欲・態度	読む能力	知識・理解
和歌から物語を復元する試みを通して、古典を読み味わい、作品の価値を考察しようとしている。	和歌から物語を復元する試みを通して、古典を読み味わい、作品の価値を考察している。	古文を読むことに必要な和歌の修辞など、表現の特色について理解している。

5　単元の指導計画

次	学習活動	言語活動に関する指導上の留意点
第1次	1. 活動全体の説明を行う。『伊勢物語』「あづま下り」の和歌を理解する。 2. 個別学習で和歌を根拠に物語を復元する。	・生徒一人一人が主体となって、和歌から物語を復元するために、まずは個別で自分の考えを深める。
第2次	1. 個別で復元した歌物語を出し合い、言葉を通じて伝え合う。 2. グループ毎に歌物語を復元する。	・模造紙を活用し、個別学習とグループ学習の往還を指導する。
第3次	1. 「あづま下り」本文を読解する。 2. グループ毎に「あづま下り」本文と復元した物語を比較し、話し合う。	・グループで共有する際に、生徒達が集中して取り組めるようにする。
第4次	1. グループ毎に、比較した気付きを発表し、作品の価値を考察する。 2. 発表後、個別、グループで振り返りを行う。 3. 全体での振り返りを行う。	・クラス全体で共有するときには、できるだけ多くの人が発言できるようにする。

3 全体の授業の流れと指導・評価のポイント

●事前準備について

1. 前提条件として、「あづま下り」の和歌の内容読解をしっかりしておくことが挙げられる。
2. 個別学習とグループ学習の往還を行う場面がある。水性ペン8色組と模造紙を各グループ分用意する。模造紙に議論を書くことで、個別学習と話し合いのプロセスが可視化され、参加者全員が対等に話し合える。
3. 作業用のワークシートを用意する必要がある（6点、内2点 ▶ p.181）。

	学習活動	指導・評価のポイント
第1次（1時限）	1 活動全体の説明を行う。 (1)学習カードを活用して活動の目的を明確にする。 (2)本時の 目標 を確認する。 和歌「名にし負はばいざこと問はむ都鳥わが思ふ人はありやなしやと」のワークシートの解釈と考察ⅠⅡⅢが書け、それを根拠にして物語を具体的に5行以上書くことができている。 2 個別学習で自らの考えを整理する。 (1)確認した 目標 を念頭に置き、ワークシートを活用し、個人として、和歌を読み深める。 (2)個別で歌物語を復元することを試みる。 ①和歌について理解し、それを根拠にして和歌から物語を復元する。（ワークシート①を踏まえ、和歌のなかで根拠とすべき内容として、「都鳥」が登場する場面や、「わが思ふ人」に思いをはせる場面を盛り込んで物語作りを工夫する。） ②自分の考えを整理して歌物語の復元を試みる。	1 (1)活動の基本的な構成を伝えると、生徒は全体像を思い描ける。 2 (2)ワークシート① ▶ p.181 評価規準 古文を読むことに必要な和歌の修辞など、表現の特色について理解している。（知識・理解） 評価方法 記述の点検
第2次（2〜3時限）	1 グループで模造紙を活用して考えを交流する。 (1)グループの体制になり、個人のワークシートの内容を模造紙に貼る。 2 グループ毎に交流し、全体で共有する。 (1)右隣の席に移動し、右隣の人の意見に対する意見を個人カラーで書く。これを3回繰り返す。	1 (1)水性ペン8色組の、赤、黒、黄以外の色から個人カラーを決める。模造紙の四隅に個人カラーで自分の考えを自分の方向から書いて名前を書かせる。

第2次(2〜3時限)	(2)グループで模造紙全体を見て、共通点は黒で結び、相違点は赤で結び、注目点は黄でマークする。各自気付いた点は個人カラーで書く。 (3)模造紙とワークシートを活用して各グループの発表を行う。 (4)聞き手は、発表の相互評価シートに記入し、後で行う質問を考えながら聞く。	**評価規準** 和歌から物語を復元する試みを通して、古典を読み味わい、作品の価値を考察している。(読む能力) **評価方法** 発表内容の確認

実践例 ▶ pp.176〜179

第3次(4時限)	1 「あづま下り」本文の内容を読み取る。 (1)ワークシートをもとに、古典の歌物語を読解し、個別学習で歌物語作品の特質を捉えようとする。 2 模造紙を活用してグループ毎に「あづま下り」本文と復元した物語を比較し、話し合う。	**評価規準** 和歌から物語を復元する試みを通して、古典を読み味わい、作品の価値を考察している。(読む能力) **評価方法** 記述の確認
第4次(5〜6時限)	1 グループ毎に、比較した気付きを発表し、作品の価値を考察する。 (1)模造紙を活用して、10分間で発表する。 (2)聞き手は、発表の相互評価シートに記入し、後で行う質問を考えながら聞く。 2 発表後、質疑応答を2分間程度行う。 3 全体を通して自分の学習についての考察(振り返り)を行う。 (1)全てのグループの発表がすんだところで、振り返りシートを記入して、全体を通して自分の学習についての考察(振り返り)を行う。	3 (1)振り返りシート ▶ p.181 **評価規準** 和歌から物語を復元する試みを通して、古典を読み味わい、作品の価値を考察しようとしている。(関心・意欲・態度) **評価方法** 記述の分析

4　授業実践の実際

第2次（2時限目）

●指導目標

1　個別学習で練った自分の考えを生かして、グループ毎に歌物語の復元を行う。
2　グループ内のメンバーが作った物語のよい点を見つけ、多様な意見を取り入れ、物語作りを工夫する。

●本時の展開

1　学習カードと「交流の手引き」をもとに、本時の目標と手順を確認する。
2　グループに分かれてワークシート・模造紙を活用し物語作りをする。
3　グループでの物語をまとめ、次回の発表の準備をする。

指導の留意点　相互に信頼し合い協力して話し合うよう指示する。

●指導の実際

1　学習カードと「交流の手引き」をもとに、本時の目標と手順を確認する。

教師　前の時間に、個別学習で、和歌の読みを根拠に物語作りをした。和歌を根拠として作った各自の物語を交流し、グループで物語作りを工夫し、次の時間に発表しよう。

授業冒頭で、前の時間の取り組みを概括して説明を行った。

教師　次回の発表の時、「発表で用いる模造紙とワークシートが分かりやすくまとめられている（①）」「模造紙とワークシートを提示しながら分かりやすく効果的に説明をしている（②）」、①と②のうち、一つができればB、二つできればAとする。

2　グループに分かれてワークシート・模造紙を活用し物語作りをする。

4人グループを基本にグループに分かれて話し合う。「交流の手引き」のプリントをもとに手順を確認する。

グループ4人の役割分担を①話し合いの司会係②記録係③全体発表者（模造紙について）④全体発表者（自分たちで作った物語について）とし、必ずいずれかの役割を担うこととした。建設的な話し合いに必要なルールを守っ

て行わせる。

教師 模造紙を活用してグループでの物語作りを工夫しよう。

　模造紙を４分割して各自の枠を作り隅に名前を書き、個人でつくった物語のワークシートを貼りつける。右隣の席に移動し、右隣の席に人の「物語」のよい点を見つけ、個人カラーで書く。グループで模造紙全体を見て、共通点は黒で結び、相違点は赤で結び、注目点（グループでつくる物語に取り入れたい所）は黄でマークする。各自気付いた点は個人カラーで書く。

　教師は机間巡視を行い、話し合いが不活発なグループ、停滞しているグループに対して助言を行うようにした。

〈特に気をつけた支援の例〉
・発言していない生徒への発言促進。
・和歌を根拠とした物語作りへの意識化。
・相互によい点を中心に意見の共通点の指摘。

　混乱なく模造紙とワークシートを活用してグループで話し合いができるよう、教師が事前にこの活動を体験して模造紙を作って、それを見本として具体的な指示を出した。　❗ポイント❶　▶ p.182

　和歌を根拠とする、という段階でつまずくグループには、前時のワークシート（▶ p.181）をもとに、「都鳥」が登場する場面の必要性や、「わが思ふ人」に思いをはせる場面の必要性など、具体例を挙げて助言した。

❗ポイント❷　▶ p.182

3　グループでの物語をまとめ、次回の発表の準備をする。

　2の模造紙を活用して、記録係を中心にグループでの物語をワークシートにまとめ、次回の発表の準備をする。その際には、①「はじめはこんな意見が出ました。共通点・相違点・注目点は〜で、〜な話し合いになり、〜な結論になりました」②「その結果私たちのグループで作った物語は次のようなものになりました。（作った物語を読み上げる）」という手順で、どうしてそのような物語にしたのか、和歌を根拠にするところから外れずに発表できるように準備をさせる。

第2次（3時限目）

●指導目標
1 模造紙とワークシートを活用して、各グループで聞き手に伝わるように工夫して発表を行う。
2 聞き手は、発表の相互評価シートに記入し、後で行う質問を考えながら聞く。

●本時の展開
1 学習カードと評価ポイントをもとに、本時の目標と手順を確認する。
2 模造紙とワークシートを活用してグループ毎に発表する。
3 発表の評価シートで各グループの発表を評価し、学習カードと評価ポイントを活用し振り返りと次時の目標を確認する。

指導の留意点▶ 聞き手も質疑応答の際に意欲的にコメントできるよう、積極的な姿勢で発表を聴き評価するように指導する。

●指導の実際
1 **学習カードと評価ポイントをもとに、本時の目標と手順を確認する。**
教師　グループで作った物語を、模造紙とワークシートを活用し、グループで協力して分かりやすく効果的に発表しよう。
　聞き手も受身の姿勢ではなく、積極的に関われるように、指導する。
教師　他のグループの発表を参考にして意見を深めることができるようにしよう。また、和歌を根拠にどのような物語作りを工夫できたか、内容や表現に注意しながら発表を聞き、質疑応答の際に意欲的に発言しよう。

2 **模造紙とワークシートを活用してグループ毎に発表する。**
　前の時間にグループで話し合って準備した役割分担をもとに、グループで協力して、聞き手に効果的に伝わるような工夫をして模造紙とワークシートを活用して発表を行わせる。
　発表後、必ず質疑応答の時間をとり、できるだけ指名ではなく、率先して発表グループへのコメントを行うように指導する。

10 グループが円滑に発表できるよう、発表グループの後片付けと準備の時間も有効に使って、聞き手は各グループの発表の評価をその都度行う。

【グループでつくった物語　例①】
　その大きな河を見ると、二羽の鳥がいる。近くにいる人に鳥のことをきいてみると、都鳥という鳥だった。都という名前が入っているから、私の思い慕っている人は、都で無事なのか、そうではないのか、知っているのだろうか。とても心配で余裕がなくなる。思いがけずため息をついた。
　すると、何を思ったのか、片方の都鳥がどこかへ飛び去ってしまった。取り残されてしまったもう片方の都鳥はどこか寂しそうに水面を漂っていた。その姿は、居場所を失った自分に、取り残されて来てしまった想い人に、重なって見えた。無意識にその都鳥がいる方向へ手を伸ばした。決して手が届くはずなどないのに。
　都鳥は、その手を拒むようにどこかへ飛び去ってしまった。

【グループでつくった物語　例②】
　船が出て数日。水面に映る男は、見るにたえない姿に成り果てていた。長い旅路のせいか、肌は荒れ、髪はボサボサになり、目はかつての輝きを失っている。そんな業平を船員達は、ただただ、見守ることしかできないでいた。
　ある時、業平は、船の上空に珍しい鳥が群れをなしているのに気がついた。
　都鳥──あいつらはどんな京を見てきたのだろうか。もしかしたら、あの娘のことも──。バカバカしいことを考えてしまった自分に「ふっ」と笑みをこぼす。
　そして、業平は、重く閉ざしていたその口を、ゆっくりと開いた。（和歌に続く）

3　発表の評価シートで各グループの発表を評価し、学習カードと評価ポイントを活用し振り返りと次時の目標を確認する。

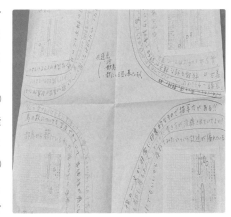

　各グループの発表について、「①グループで作った物語を全体で発表する際、グループの模造紙とワークシートを活用できた」「②グループで協力して分かりやすく効果的に発表できた」の２項目で各個人が評価シートに記入して評価を行わせる。
　その後、学習カードの３時限目について記入して振り返りを行い、評価ポイントプリントも活用して、自己評価も行わせる。

5　授業実践の成果と課題

　事前に個別学習で各自が物語作りに丁寧に取り組んだ成果として、生徒一人一人が伝統的な言語文化に対する興味・関心を高めながら話し合いに参加できた。また、模造紙と水性ペン8色組を活用したファシリテーション・グラフィックによる可視化された話し合いで和歌から物語を復元する活動を工夫した。円滑に混乱なくグループでの話し合いができるよう、教師が事前にこの活動を体験し、模造紙を作って、それを見本として具体的な指示を出した（写真）。これにより、どのグループも、創意工夫した聞き応えのある物語作りに集中できた。

　その上で、自分たちの復元した物語と『伊勢物語』「あづま下り」本文とを比較した結果、生徒の物語作品は、現代小説の特徴を反映してか、登場人物の心情表現を多用する傾向が見られた。「登場人物の気持ちを多く書き過ぎて、想像の余地があまりない自分たちの物語に比べて、古典作品のほうが想像力をかきたてる」といった生徒の気付きもあり、古典の価値について考察を深められていた。心情表現に傾きがちな生徒作品と比較し、情景描写も巧みな古典作品には読者の多様な読みを可能とする豊かさがあることを指摘するまで、「深い学び」を実現できた。主体的に、歌物語作品をいっそう深く読み味わうことができたといえよう。

　課題としては、古典の授業で、本実践と同様に工夫を重ね、日本人として大切にしてきた言語文化を積極的に享受できる古典授業を継続する必要がある。

　さらに発展させるなら、生徒の実力に応じて、現代語で作った物語を古文に変換する試みをさせてみてもよいと考える。　　　　　（十文字富美絵）

実践編

⑧ 読むこと　和歌から物語を復元する

【ワークシート①】

『伊勢物語』「あづま下り」③　　2年（　）組（　）番　氏名（　　　）

さらに行き行きて、武蔵の国と下総の国との中に、いと大きなる河あり。なほゆきゆきて、武蔵の国と下つ総の国との中にいと大きなる河あり。

☆

③ 名にし負はばいざこと問はむ都鳥わが思ふ人はありやなしや

と

と詠んだので、船に乗っている人は残らず泣いてしまった。と詠めりければ、船こぞりて泣きにけり。

□ 和歌③の解釈（古語辞典を活用して注意して訳そう！）
ヒント　A主人公の男が詠んだ和歌。B「名」＝都という名のこと。

□ 和歌③が詠まれた背景を考察してみよう。

考察Ⅰ　「いざこと問はむ都鳥」とあるが、問うてみたところで鳥は答えてくれないはずだが、それでも敢えて鳥にまで尋ねようとする男の心理状態とは？

考察Ⅱ　「わが思ふ人」とはどのような人？

考察Ⅲ　「ありやなしや」と問う男の心境とは？（和歌①と比較しよう）

【振り返りシート】

『伊勢物語』「あづま下り」振り返り　　2年（　）組（　）番　氏名（　　　）

○学習の振り返りシート
1. これまでの学習を振り返り、次のテーマについて自己評価しよう。

		自己評価（いずれかに○）
関心意欲態度	①和歌から物語をつくる試みを通して、古典を読み味わい、歌物語作品の特質について考えを深めようとすることができた。	A B C
	②グループや全体で共有する際に、話している人を見てよく聞くことができた。	A B C
能力	③和歌から物語をつくる試みを通して、古典を読み味わい、歌物語作品の特質について考えを深めることができた。	A B C
	④和歌を根拠にした物語づくりを工夫することができた。	A B C
	⑤グループの発表に対して、よい評価をしてもらった。	A B C
知識理解	⑥古文を読むことに必要な和歌の表現の特色について、理解することができた。	A B C

2. これまでの学習を振り返って、一言コメントをしよう。

3. グループのメンバーにコメントをもらおう。

名前（　　）
名前（　　）
名前（　　）

181

この実践ここがポイント❗

■授業の解説

　本授業は、次期学習指導要領の趣旨を実現するため、古典作品の特質や価値を考察することを目標とし、資質・能力として、「我が国の言語文化を享受し、生活や社会の中で活用し、継承・発展させようとする態度」を育成することをねらいとしたものである。そのために、個別学習とグループ学習の往還をすることと模造紙を活用した話し合いをすることで、話し合いの際に「フリーライダー」と呼ばれる、人任せで積極的に話し合いに参加できない生徒が生じないようにし、一人一人が**主体的な姿勢をもって自分の考えを形成する**よう配慮されている。

　❗**ポイント1**（▶p.177）の部分については、言語活動を事前に教師自らが体験することで、どのような力を付けさせたいか、めざす生徒の姿を明確に具体化したモデルとなる模造紙まとめ例を作成して、生徒の円滑な言語活動を可能にする工夫がなされている。これから行う活動の成果について実例を可視化することは、生徒にとって、具体的なゴールのヴィジョンを得ることとなる。

　また、教師自らが体験してみることで初めて、模造紙の活用方法についてより具体的で建設的な助言を行うことが可能になる。どの程度の時間配分が現実的か、といった検証も行って授業の手順を練ることもできる。

　❗**ポイント2**（▶p.177）の部分については、和歌を根拠とした物語作りをするということはどういうことなのか、個別学習でも活用したワークシートを再度提示しながら具体的な助言を行っている。物語作りを創意工夫するといっても、自由奔放に想像力を働かせて作ってよいわけではない。あくまでも「名にし負はば…」の和歌を根拠にして「和歌から物語を復元する」という主題から逸れないようにする指導を、各グループに浸透させるために重要であるといえる。その上で、個別学習で一人一人が想像力を働かせて作りあげた物語のよい点を生かして、グループで協力してより魅力的な物語作りをするということである。

　このような活動を取り入れることで、日本人が言葉によって生み出してきた精神的所産の蓄積である「古典」に現れた思想やものの見方、考え方など

を踏まえて、我が国の自然や人々の生活などを言葉という視点から捉え直し、自らがそうした文化的背景の中で成長してきた**文化的な存在であることを自覚する**とともに、その優れた点を継承していく担い手としての認識を深める古典授業となる。

　また、お互いを信頼し合って話し合いができてこそ、課題解決のために建設的な意見も出てくる。しかし、どうすればそのような話し合いができるのか、分からない生徒も多い。よりよい話し合いのために必要なルールをチェックリストの形式で生徒に示し、繰り返し確認してそのルールを守らせることが不可欠といえよう。生徒同士の協働を通じ、自らの考えを広げ深める「対話的な学び」が実現できているか、**学習過程の質的改善**に向けて不断に見直すことが重要である。

　さらに、各授業時間の振り返りを有意義なものとするために、学習カードや学習評価のポイントプリントを活用している。このことで、毎時の導入時に、その時間の到達目標が明確になり、より高い評価をめざして意欲的に取り組むことができる。見通しを持って粘り強く取り組み、自らの学習活動を振り返って次につなげる「主体的な学び」を実現するための質的改善として大切である。

　自分たちの復元した物語と『伊勢物語』「あづま下り」本文とを比較した結果、心情表現を多用して感想の記述になりがちな生徒自らの作品とは違い、古典の歌物語作品のほうが読み手の多様な読みを許容する豊穣さを有していることの気付きに至るほど、学習内容の深い理解につなげる「深い学び」を実現できている。

■**今後の展望**

　個別学習とグループ学習の往還をし、模造紙を活用した話し合いをすることで、古典の授業においても、一人一人が主体的な姿勢をもって自分の考えを形成することができる。歌物語作品以外の古典においてもこの方法を取り入れ、生徒の主体的な学習能力の育成を図る授業の可能性を探ることが必要である。

（渡邉　剛）

実践編⑨　伝統的な言語文化

日本の感性をたどる
―古典と近代以降の関連した文章をつなげて読む―

古典Ａ

1　授業実践のねらいと背景

　変化が激しいこれからの社会を生きるために、社会的・文化的に異なる背景を持つ他者との協働が必要となる学習者にとって、自己の基盤となる自国の社会や文化を知ることは重要である。なぜなら、社会的・文化的背景を異にする他者との関わりは、自己のものの見方や感じ方、自国の伝統や文化を意識することになるからだ。さらには、自国の文化基盤に立脚した感性や思考をもって、他者との交流に臨む必要性も今後出てくることも考えられる。古典を学ぶことは、そのような文化基盤を理解することであり、我々授業者は、古典を学ぶ意義を明らかにし、生涯にわたって古典に接することができる素地を学習者に身に付けさせなければならない。

　そこで、生涯にわたり古典に親しみ、伝統的な言語文化の担い手として、自立した学習者を育成することを、本実践のねらいとした。学習者が古典学習に興味関心が持てるよう、テーマを、現代とのつながりが実感できるものに設定し、我々の感性の源流やつながりを、古典世界に見出せるものにした。数多くの古典に接するために、スマートフォン等での情報収集や、学校図書室を利用し、直に、古典に関する書籍に触れたり読んだりする活動を取り入れた。これは、社会に出ても、自分で情報を集め、生涯にわたって古典に触れ続けられるための素地を学習者に身に付けさせたいからである。

【学校・学習者の状況】
　本校は、夜間定時制普通科４年制である。学習者は、年齢層の幅が広く、不登校経験者や外国にルーツのある者など、様々な背景を持っている。本実践の学年も、年齢層は10〜50代までと幅があり、中国にルーツをもつ学習者が在籍し、社会的・文化的な背景を異にしている。

2　単元指導計画

【科目】古典A　　【実施時期】4年生1学期
【学習活動の概要】

1　単元名　古典と近代以降の関連した文章をつなげて読もう
2　単元の目標 ・古典や現代の文章を読み比べ、ものの見方・感じ方を比較しようとする。 　　　　　　　　　　　　　　　　　　　　　　　　　　　（関心・意欲・態度） ・古典や現代の文章を読み比べ、ものの見方・感じ方を比較する。 　　　　　　　　　　　　　　　　　　　　　　　　（読む能力）指導事項(1)ア ・様々な資料を読み、我が国の伝統と文化について理解する。（知識・理解）
3　取り上げる言語活動と教材 (1)言語活動　　感じたことや考えたことを、話し合ったり文章にまとめたりする。 (2)教材　　　　平安〜江戸時代の桜に関する文章や和歌、現代の随筆、J−POPの歌詞

4　単元の具体的な評価規準

関心・意欲・態度	読む能力	知識・理解
結び付いている言葉や表現、事柄から古人のものの見方、感じ方について、現代人とのつながりや相違を、比較しようとしている。	結び付いている言葉や表現、事柄から古人のものの見方、感じ方について、現代人とのつながりや相違を、比較している。	桜に関する古人と現代人のものの見方、感じ方の、つながりや相違点から、自国の伝統と文化について理解を深めている。

5　単元の指導計画

次	学習活動	言語活動に関する指導上の留意点
第1次	テーマについての背景知識を活性化させる。	
第2次	1. 桜を題材にした和歌・俳句・随筆に関しての、現代の随想を読む。 2. 古人の桜に対する思いや感じ方を考える。	（第4次） ・付箋を用いたワークでは、役割分担をし、参加を促す。
第3次	1. 桜を題材とした他の古典作品を調べてみる。 2. 古典世界での桜の象徴性を検討する。	（第5次） ・個々の書く力に応じて、課題を設定させる。
第4次	1. 現代人の桜に対する思いや感じ方を考える。 2. 歌詞の世界では、どのように表現されているか、考える。	・評価規準は事前に示しておく。 ・どのような考えや感想を持ったか、考えた結果など、随時交流をしてよい。お互いの書こうとしていることや書いた内容に興味関心を持たせ、書くことへの動機付けにしていく。
第5次	古典世界と現代と比較し、桜に対する思いや感じ方を話し合い、記述する。	

3　全体の授業の流れと指導・評価のポイント

●事前準備について

1. テーマに関して、学校図書室の蔵書状況を把握しておく。
2. 古典の現代語訳、古典に関して解説した近代以降の文章など、生徒の学習支援になるような図書を選定しておき、必要に応じて指導助言をできるようにしておく。
3. 作業用のワークシートは、比較した内容や生徒の思考の流れが可視化できるように工夫する。（2点、内1点▶p.193）。

	学習活動	指導・評価のポイント
第1次 （1時限）	1　学習内容や活動全体の見通しを持つ。 2　テーマに関し、背景知識を活性化する。 (1)「桜」から連想されることを、単語で挙げる。 (2)個人→ペア→クラス全体で共有する。 3　『枕草子』の関連した段を読む。 「木の花は」（第34段） (1)鑑賞した桜が、現代のソメイヨシノと違うことに気付かせる。 (2)作者によって、どのような花が、批評の対象になっているか、押さえておく。 (3)桜について、作者が取り上げていた点を確認する。	2　(2)個人で思いつかなかった単語は、書きとめさせる。また、現代で、桜が、特別なものと分かるような単語を押さえておく。 3　ワークシート①▶p.193 現代語訳を付けておく。 評価規準　結び付いている言葉や表現、事柄から古人のものの見方、感じ方について、現代人とのつながりや相違を、比較している。（読む能力） 評価方法　ワークシートの点検
第2次 （2～3時限）	1　古典に詠まれた桜を題材にした随想（＊1）を読み、そこに挙げられた古人の桜に対する思いを、理解する。 (1)桜が、どのような表現や事象とともに詠まれているか、言葉を抜き出す。 (2)古人が、桜のどのような点に関心があるのか、作品毎にまとめる。 (3)(2)を踏まえ、古典世界で桜がどのような象徴性を持ったか、考える。 2　『枕草子』と比較する。 (1)桜について、『枕草子』で取り上げられていて、和歌では取り上げられていないことは何か、理解する。	＊1　紀友則、大島蓼太、『伊勢物語』『徒然草』、松尾芭蕉と平安～江戸時代の桜を詠んだ和歌・俳句・随筆を取り上げ、解説が付けられた森本哲郎氏「ひかりのどけき春の日に―日本人と桜」（『新編現代文B』大修館書店）を使用した。 1　(3)言葉に着目させる。象徴性は、キーワード化をする。例）散る、時、思い出（ワークシート①） 評価規準　結び付いている言葉や表現、事柄から古人のものの見

	(2)桜について、和歌では取り上げられていて、『枕草子』では取り上げられていないことは何か、理解する。	方、感じ方について、現代人とのつながりや相違を、比較している。(読む能力) 評価方法 ワークシートの点検
第3次（4～5時限）	1　桜がテーマとなっている他の和歌や文章を古典作品から探してみる。 (1)スマートフォン等で「桜・古典（和歌）」などで検索をし、興味・関心があるものを探す。 (2)実際に書籍で、原文を探してみる。 (3)作品/作者名・内容・出典を書き込む。 2　1で探した和歌や俳句、文章を共有する。 (1)B4の紙に、自分の調べた和歌や俳句、文章などを書き、黒板に張っていく。 (2)時代順にならべ、大意を取っていく。 (3)第2次で考えたものと共通性や広がりがあるかどうか、考える。	1　(1)～(3)は、個人・ペア・グループのどの形態で取り組んでもよい。 2　(2)現代語訳や背景なども発表する。和歌や俳句を調べただけのものは、授業者が大意を全員に伝える。 評価規準 結び付いている言葉や表現、事柄から古人のものの見方、感じ方について、現代人とのつながりや相違を、比較している。(読む能力) 評価方法 ワークシートの点検、行動の観察

実践例 ▶ pp.188～189

第4次（6～7時限）	1　現代人の桜への思いや感じ方を考える。 (1)第1次2(1)で挙げた単語を、付箋を使い項目別にグルーピングする。 (2)第2次で整理した古典世界の中では、現れなかった項目に着目し、その理由を考える。 2　J－POP 4つの歌詞の共通点を考える。 (1)歌詞にある言葉を根拠に、桜がどのように表現されているか、考える。 (2)4つの歌詞を比較し、共通点などを探る。	1　(1)例示する。 2　(1)事前課題・個人作業 (2)ワークシート①▶p.193・②教室での共有。 評価規準 桜に関する古人と現代人のものの見方、感じ方の、つながりや相違点から、自国の伝統と文化について理解を深めている。(知識・理解) 評価方法 行動の観察

実践例 ▶ pp.190～191

第5次（8時限）	1　古典世界と現代を比較し、桜に対する思いや感じ方を探る。 (1)共通点や広がりを検討する。 (2)一方にしかないものの見方を検討する。 2　考えたことを文章にまとめる。	評価規準 結び付いている言葉や表現、事柄から古人のものの見方、感じ方について、現代人とのつながりや相違を、比較している。(関心・意欲・態度) 評価方法 記述の確認

4　授業実践の実際

第3次（4〜5時限目）

◉指導目標

1　桜を題材にした和歌や俳句、随筆などを探し、古人の桜に対する思いや感じ方を考える。
2　時代によっての相違やつながり、深まりがあるかどうか、考える。

◉本時の展開

1　桜がテーマとなっている他の和歌や文章を古典作品から探す。
2　調べたことを発表し、全体で共有する。
3　第2次での考察を踏まえ、古典世界での共通性や時代によっての相違やつながり、深まりなどを考察する。

指導の留意点▶様々な書籍に実際に触れさせ、初心者向けのものから本格的なものまで資料の幅を実感させる。その中で、自分の興味関心が持てる資料を見つけさせる。

◉指導の実際

1　桜がテーマとなっている他の和歌や文章を古典作品から探す。

教師　（図書室で古典籍の書棚を示し）桜を詠んだ和歌や俳句、文章などを探すが、資料の数が多い。みんなだったらどうするか。

　課題に対し、どのような手順で取り組めばいいか、学習者自身に考えさせる。

教師　現代語訳がついているもの、写真や絵が豊富なもの、様々な中で、これなら読むことができる、という資料を見つけること。ペアやグループで手分けをしてもよい。

　基本的な図書については、授業者が何冊か選定し、紹介をしておく。古典籍ではなく、和歌や俳句を配した現代の植物図鑑を選んだ生徒もいた。

＊学習者が調べた資料：和歌（万葉・古今・新古今・千載・山家）8首／俳句（笈の小文）2首　その他（平家物語・徒然草・良寛和尚辞世の句・本居宣長）

2 調べたことを発表し、全体で共有する。

時代や作品・作者名、大意までを調べるが、学習者によっては、和歌や俳句などを見つけ、用紙に書くだけが精一杯の者や、反対に作品の背景まで言及できる者もいる。不足事項は、発表時の授業者と学習者のやり取りで補完する。また、全体の共有時で出てきた不明な点は、スマートフォンで調べさせてしまう。時代順に並べ、大意を確認する。

 ▶ p.194

3 第2次での考察を踏まえ、古典世界での共通性や時代によっての相違やつながり、深まりなどを考察する。

教師 みんなが調べた和歌や俳句と、「久方の〜」や「世の中に〜」「三日見ぬ〜」の和歌や俳句を比較し、桜に対する古人の思いで、共通するもの、広がっているものなどはあるか。

第2次では、「久方の」「世の中に」の和歌は、「散る」という言葉と桜が結び付いていること、桜に対する愛着が感じられること、などが学習者から挙がっていた。また、「三日見ぬ」では、桜の開花や落花から、時間の早さや世間の移り変わりの早さなどを感じていたのではないか、という意見が挙がっていた。本時では、学習者の調べた『平家物語』の桜町の中納言の資料から、桜への愛着は共通しているのではないか、西行の「ねがはくは」では、その桜への愛着がより切実なものとして表現されているのではないか、という考察を学習者がしていた。また、「花の色は」では、やはり桜をとおして時の流れを表しており、桜が時間の早さやはかなさを象徴しているのではないか、と考察をしていた。『徒然草』第139段「家にありたき木は」では、『枕草子』「木の花は」との近似性に気付いた学習者がいた。桜の木につく毛虫を多く人々が嫌がること、八重桜は今一つ人気がないことなどは現代でも同じではないか、という感想も挙がった。

第4次（6〜7時限目）

●指導目標
1 桜から連想される言葉や物、事柄から現代人の桜に対する思いや感じ方を考える。
2 桜が出てくるJ－POPの歌詞を分析し、1との相違を考える。

●本時の展開
1 桜から連想される言葉や物、事柄を、項目を立て分類する。
2 古典世界では見出せなかった項目を通して、その理由を考える。
3 歌詞の世界では、桜はどのような言葉や表現と結び付いているかを理解し、桜がどのような効果や意味を持っているか考える。

指導の留意点▶個人で取り組む活動を確実に行わせる。ここでは、歌詞の分析のうち、桜がどのような言葉や表現と結び付いているかは、個人作業として設定した。この活動が充実していないと、全体で共有した際、考察を支える根拠部分が薄くなってしまい、思考が広がったり深まったりしない。

●指導の実際
1 **桜から連想される言葉や物、事柄を、項目を立て分類する。**
教師　この単元の最初にみんなが挙げた、桜に関するキーワードは全部で60個あった。これから、現代人の桜に対する思いを考えなさい、と言われたら、みんなだったらどうするか。このたくさんの情報をどう処理をするか。

　課題に対し、どのような手順で取り組めばいいか、学習者自身に考えさせる。本実践では、学習者に経験や知識がなかったため、一定時間考えさせたのち、ワークシート②を配布し、付箋を用いて情報を整理した。
　教師の側から、次のような働きかけをした。例えば「食べ物」という項目を立て、そこに関連するものを集めてみてはどうか、と示唆してみる。
　実際に、何枚か張ってみて、具体的に方法を提示する。

2 **古典世界では見出せなかった項目を通して、その理由を考える。**
教師　分類した中で、桜に対して現代だけにある事柄や感じ方、思いなどは

あるか。また、それはどうしてか。

　学習者はまず、「新生活」「卒業／入学」「合格（サクラ咲く）」など、行事に関わるものや季節と密接に結び付き、寂しさではなく、嬉しさや新鮮さなどを感じさせるものを取り上げた。古典世界と社会自体が違うこともあるが、現代ではメディアによって流されるイメージが強いのではないかという意見が挙がった。また、桜に関する食べ物や商品については、商業との関わりを指摘している生徒がいた。その場合は、色や香りに焦点があたり、はかなさなどのイメージとは結び付かないことを、学習者同士意見を交わしていた。

3　歌詞の世界では、桜はどのような言葉や表現と結び付いているかを理解し、桜がどのような効果や意味を持っているか考える。

　本実践では、森山直太朗・ケツメイシ・福山雅治・いきものがかりの「さくら」の歌詞を教材とした。ポイント2 ▶ p.194

　学習者は、「散る」「舞う」「風」などの共通の言葉から、「散る桜」に焦点があてられていること、親しい人や恋人との「別れ」が表現されており、それが桜に

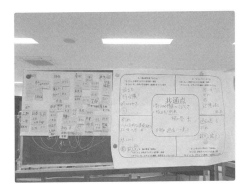

よって喚起されるものであること、「さびしさ」や「悲しさ」が歌われ、それは古典の「はかなさ」とも少し違うのではないか、という意見を出していた。単元の最初に自分たちで出した桜に関する言葉や物、事柄は、どちらかと言えば、楽しさや嬉しさを連想させるが、歌になるとなかなか桜をそのように捉えているものが少ない、などの気付きを得ていた。

5　授業実践の成果と課題

　学習者は古典の桜に関する様々な資料に接し、その数の多さに驚き、桜を詠んだ古典世界の広がりに感心をしていた。また、桜が散ることについて、学習者の多くは、「美しい」と感じる中で、古典作品では「はかなさ」や「さびしさ」「無常」を表現していることに気付き、その違いについて関心を示していた。その相違が、時代を構成する社会の違いにあることなどにも、思考を広げていた。成果の一つは、生徒の言を借りれば、「来春の桜を見る目が違ってくると思う」など、古典の世界に接することで、学習者が現代の自分たちの世界や社会を強く意識したことである。古典を学ぶことが、自らの生活や感性を豊かにすることにつながることを、実感できたのではないか。その実感が、生涯にわたり古典に接する素地の一つになると、考える。

　課題としては、現代に関心は持てるものの、「古典世界に少しは興味を持ったが、自分で読みたい作品を選ぶことはできない」など、古典そのものに対しての興味・関心にはつながらなかったことが挙げられる。原因は二点考えられる。一点目は、課題が教師側から与えられたものであり、学習者側に問題意識の出発点がなかったり、活動中に新たな問いを発見したりすることができなかったからである。二点目は、学習者が触れてきた古典作品は一部であり、他にどのような古典があるのか、不案内なことである。新たに生じた興味関心を次の古典作品につなげるための情報が、少ないのではないか。説話世界や江戸期の川柳など、現代世界に通じる題材は多くある。教師は幅広く教材を求め、古典世界への入り口を広げ、案内をする必要があると考える。

　さらに発展させるなら、空間的な比較として、漢文との比較を試みたい。例えば、周敦頤（しゅうとんい）の「愛蓮説」を取り上げ、中国人が「蓮」「菊」「牡丹」をどのような花として特徴づけているのかを読ませ、日本の桜を同様にたとえるとしたら、どのように表現するか、考えさせてみたい。また、花を女性にたとえているものに、『源氏物語』や「長恨歌」などがある。日本人や中国人が、桜や藤、梨などの花の特徴をどのようにとらえ、女性にあてはめているか、また中国からの影響が『源氏物語』や『枕草子』にどのように表れているのか、学習者に考えさせてみてもよい。中国文化との比較により、自国の言語文化の独自の性格やその価値について、思考が広がるのではと考える。（小川一美）

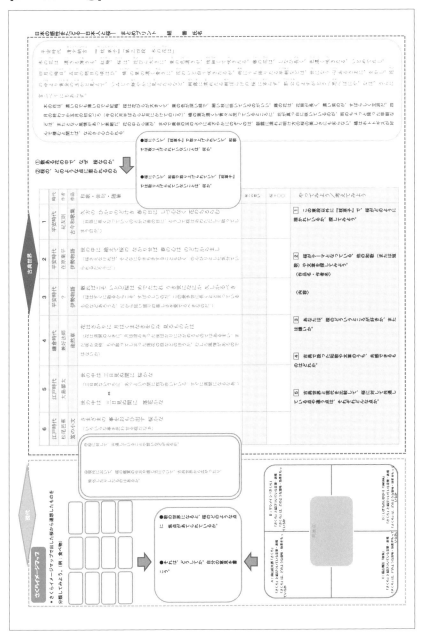

この実践ここがポイント❗

■授業の解説

　現行の学習指導要領の国語科の改善の基本方針として、「古典A」については、「古典の原文（近代以降の文語調の文章を含む）のみならず、古典についての解説文や小説、随筆なども教材として幅広く取り上げ、古典の世界に親しむ態度をはぐくむ」(注1)とある。本実践は、その趣旨を生かし、古典の原文である『枕草子』だけでなく、近世の和歌・俳句・随筆の解説文や、J−POPの歌詞などを、教材として幅広く取り上げることで、訓詁注釈に偏らず、古典を読んで古人の思想や感情を理解する活動を通して、生徒のものの見方や感じ方を見つめ直す授業となっている。また、本実践が育成する言語能力は、思想や感情を読み取り、人間、社会、自然などについて考察する能力である。これは、学習指導要領の指導事項の、「ア　古典などに表れた思想や感情を読み取り、人間、社会、自然などについて考察すること。」を踏まえている。

　第３次については、桜がテーマとなっている和歌や文章を、生徒がスマートフォンによる検索などの方法で見つけるとともに、その結果について教室で共有することで、第２次で学習した内容との共通点や（広がりなどの）相違点について考察する活動となっている。❗ポイント❶▶p.189　これは、伝統的な言語文化である古典作品の中から、桜がテーマとなっているものを見つけるという、問題解決に向けた探究活動の一種であり、深い学びの過程を実現する可能性に富んでいる。同時に、生徒が第２次の学習を振り返って、本次につなげる活動でもあり、主体的な学びの過程にもなっている。さらに、指導者と生徒、あるいは生徒どうしが対話をすることは、自らの考えを広げたり深めたりする活動であり、主体的な学びの過程となる。本実践は、これらの学習活動を通じて、生徒の言語能力の育成を図る指導であり、アクティブ・ラーニングの視点の授業ともいえる。

　第４次については、古典の学習には一見無関係でありながら、生徒にとっては身近な存在である、J−POPの歌詞を教材として取り上げることで、古典の学習に対する生徒の意欲を高める授業となっている。❗ポイント❷▶p.191　これは、「論点整理」(注2)の中の、次期学習指導要領の国語科における具体

的な方向性にある、「古典を学習する楽しさや学習する意義の実感等については、更なる充実が求められるところである。」という課題を、解決する可能性をも示している。社会がグローバル化する現代だからこそ、生徒が古典の学習を通じて、**伝統的な言語文化を享受し継承する態度**を育成することが重要になると考える。

■今後の展望

　高等学校国語科の学習指導は、様々な課題が指摘されている。そのために、次期学習指導要領では、科目構成の見直しを含めた検討が行われている。本実践をさらに充実させることで、改訂の方向性で示されている以下の三つの科目（いずれも仮称）の指導に、発展させることが可能であると考える。

　第一は、上代から近現代につながる言語文化への理解を深める必履修科目である「言語文化」である。文語文法の指導を中心とするのではなく、古文や漢文や、古典に関わる近現代の文章を読むことを通して、言語文化を社会や自分との関わりの中で生かす能力を育成する指導を重視する科目とされる。それが、本実践との共通する点である。第二は、随筆や詩歌等に描かれた人物の心情や情景、表現の仕方などを読み味わい評価する能力を育成する選択科目である「文学国語」である。言葉によって感じたり想像したりする力などに代表される、「思考力・判断力・表現力」の「感性・情緒の側面」を主として育成する点が、本実践の指導にも結び付く。第三は、古文や漢文を主体的に読み深めることを通して、古典の意義や価値について探究する選択科目である「古典探究」である。ジャンルとしての古典を教材として、伝統的な言語文化に関する「知識・技能」や、総合的に「思考力・判断力・表現力」を育成することを重視する科目とされる。本実践でも、古典を題材として探究的な学習を行う場面があり、「古典探究」の指導に発展させることが可能である。

（佐藤和彦）

【資料・参考文献等】
注１　「幼稚園、小学校、中学校、高等学校及び特別支援学校の学習指導要領等の改善について　答申」中央教育審議会（平成20年１月）
注２　「教育課程企画特別部会　論点整理」中央教育審議会初等中等教育分科会（平成27年８月）

実践編⑩ 国語の特質

「問題な日本語」ハンティング
―なぜ「問題」なのかをプレゼンテーションする―

現代文B

1 授業実践のねらいと背景

　平成26年度「国語に関する世論調査」（文化庁）によると、「今の国語は乱れていると思うか。」という問いに対し、「乱れていると思う」と答えた割合は73.2％であった。平成19年の調査結果の79.5％と比較すると、減少傾向にある。しかし、「家庭で言葉遣いについて注意されたか。」という問いに対しては、「注意された」が平成26年度は56.1％、平成19年度が59.7％と減少傾向にあり、「国語が乱れている」という意識そのものが低下していると推測される。また、この調査によると子供の言葉遣いに与える影響が大きいと思われるものとして、インターネットとゲーム機の割合が近年大きく増えている。この結果から、情報発信においてはより印象的な表現と即時性が求められ、正しい表現を使う意識が薄れていると考えられる。

　本授業では、そのような背景を踏まえ、『問題な日本語』（北原保雄、大修館書店、2004）を用いて、何が「問題」なのかをテーマとし授業を行った。それを通して、正しい表現、伝えるための工夫、好ましいコミュニケーションのあり方について考察を行い、プレゼンテーションの発表を行った。

【学校・学習者の状況】

　本校は平成22年度からSSHの指定を受け、学校全体で探究型学習に取り組んできた。総合的な学習の時間では1年次に「探究基礎」、2年次に「探究」としてグループ研究の成果を校内外でプレゼンテーションする活動も行っている。そのため発表活動や問題解決型学習に対して意欲的な生徒が多い。

　言葉の乱れについては、文化庁の調査と同様に「乱れている」と実感している生徒が少ないが、書く、話すなどの表現方法を変えるだけで、「問題」に気付くことができる生徒が多い。

2 単元指導計画

【科目】現代文B　　【実施時期】2年生1学期
【学習活動の概要】

1 単元名　調べて発表しよう「問題な日本語」ハンティング
2 単元の目標 ・目的や課題に応じて収集した様々な情報を分析・整理して資料を作成し、自分の考えを効果的に表現しようとする。（関心・意欲・態度） ・目的や課題に応じて収集した様々な情報を分析・整理して資料を作成し、自分の考えを効果的に表現する。（話す・聞く能力）指導事項(1)エ ・正しい言葉の運用や表現が、社会の中で果たしている役割について理解する。 　　　　　　　　　　　　　　　　　　　　　　　　　　　　　（知識・理解）
3 取り上げる言語活動と教材 (1)言語活動　なぜ「問題」なのかをプレゼンテーションで発表する (2)教材　　　『問題な日本語』（北原保雄編著、大修館書店、2004）

4 単元の具体的な評価規準

関心・意欲・態度	話す・聞く能力	知識・理解
相手の考えを踏まえたり、資料を活用したりして自分の考えを効果的に表現しようとしている。	相手の考えを踏まえたり、資料を活用したりして自分の考えを効果的に表現している。	正しい言葉の運用や表現が、社会の中で果たしている役割について理解している。

5 単元の指導計画

次	学習活動	言語活動に関する指導上の留意点
第1次	1. 活動全体の説明を行う。 2. 問題な日本語の指摘と発表による意見の共有をする。	・なぜ問題になるかを具体的にまとめさせ、考えを交流する。
第2次	1. 発表する言葉の精選と発表原稿のまとめを行う。 2. 発表練習を行う。	・3枚の画用紙に提示すべき事項を明確に書かせる。 ・伝えるための工夫を考えさせる。
第3次	1. 発表活動を行う。 2. 評価と考察を行う。	・評価の観点を明確にさせる。 ・他者評価と自己評価に基づいた振り返りをさせる。

3　全体の授業の流れと指導・評価のポイント

◉事前準備について

1. 『問題な日本語』をテキストにするにあたり、問題点をカテゴリーに分けた。カテゴリーは教師側が作成した。カテゴリーは以下の通りである。
   - 省略語（きもい、きしょい、うざい、まじ）
   - 誤用が広まった語（やむおえない　こんにちわ　わたし的）
   - 意味が複数ある語（結構　普通　微妙　全然）
   - 婉曲的表現（よろしかったでしょうか　コーヒーのほうを　みたいな）
   - 敬語の誤用（～させていただきます　おビール）

   問題点を生徒が理解しやすいよう明確に分類できる言葉を用いてワークシートを作成した。

2. 発表する言葉の選定、発表原稿の作成、プレゼンテーション資料の作成等を行うので、事前にグループ分けなどをした。原則4名グループとした。新学年が始まってから間もないので、学習成績等は考慮しなかった。別の単元でグループ学習を行い、グループ間に活動の進度に大きな差がないことを確認した。

3. ワークシート、プレゼンテーション発表用の画用紙を用意しておく（4点、内2点▶p.207）。ワークシートには目標を提示し意識させた。

	学習活動	指導・評価のポイント
第1次（1時限）	1　活動全体の説明を行う。 (1)活動の目的を明確にする。 2　問題な日本語を指摘する。 (1)「問題な日本語」の問題点を指摘する。 (2)なぜ問題なのか、根拠をまとめ発表（全体）する。 3　発表を通して共有する。 (1)他のグループの発表を聞き、グループで振り返り（考察）を行う。 (2)振り返りを再度全体で共有する。 【振り返りの観点】問題点と根拠、表現効果	1 (1)活動の目的を意識させる。 2　ワークシート①▶p.207 (2)根拠は生徒自身の体験等と結び付けさせ、具体的に説明させ、問題点の確認だけにならないようにする。 評価規準　正しい言葉の運用や表現が、社会の中で果たしている役割について理解している。（知識・理解） 評価方法　行動の確認

実践例　▶pp.200～201

第2次（2〜3時限）	1　プレゼンテーションで発表する言葉を選ぶ。 (1)プレゼンテーションに用いる「問題な日本語」を選択する。 (2)好ましいコミュニケーションのための言葉遣いを考える。 2　発表原稿をまとめる。 (1)「国語総合」の表現分野で学習した三段落構成を確認する。 (2)プレゼンテーション資料を作成する。 3　発表練習を行う。 (1)グループ内で発表練習を行う。 (2)発表者をグループ内で交代しながら行い、相互評価をし、効果的な発表について考える。 (3)練習後に効果的なプレゼンテーション資料の検討を行う。	1　ワークシート②　▶p.207 (1)(2)個々で記入したシートを基にグループでまとめる。 2(2)ワークシート③ 表現や言語について意見をまとめさせる。 3　画用紙を3枚用いることで、三段落構成を意識させる。発表時間は3分、評価時間は1分とする。 評価規準　相手の考えを踏まえ、自分の考えを効果的に表現している。（話すこと・聞くこと） 評価方法　記述の点検

実践例　▶ pp.201〜203

第3次（4時限）	1　発表活動を行う。 (1)1グループの時間を3分とし、プレゼンテーションの発表を行う。 (2)聞き手は評価シートで評価する。 2　評価と考察を行う。 (1)グループで発表の振り返りを行う。 (2)自己評価を行う。 (3)発表を踏まえ、表現や言葉について意見をまとめる。	1　(2)ワークシート④ 2　好ましいコミュニケーションについて、発表を踏まえながら、自分の言葉で考えをまとめる。発表を通して、自分の考えがどのように変わったのかを意識させる。 評価規準　相手の考えを踏まえ、自分の考えを効果的に表現しようとしている。（関心・意欲・態度） 評価方法　発表の観察

実践例　▶ pp.203〜204

4 授業実践の実際

第1次（1時限目）

◉指導目標
1. 「問題な日本語」の問題点を指摘し、根拠を明確に理解させる。
2. 「問題」が含まれることでの表現効果を考えさせ、言葉の変容性について考察させる。

◉本時の展開
1. 活動全体の内容を理解する。
2. 「問題な日本語」の問題点を指摘し、根拠をまとめる。
3. グループ内で根拠を共有し、間違うことでの表現効果についてグループでまとめ全体発表を行う。

◉指導の実際
1. 活動全体の内容を理解する。

教師 平成26年度「国語に関する世論調査」（文化庁）によると、「国語は乱れていると思うか。」という問いに対し、「乱れていると思う」と答えた割合は73.2%。日本語が乱れているという意識はあるか。

　授業冒頭で日本語が乱れているという意識そのものが希薄である現状を伝え、これからの活動についての説明を行い、正しい表現とはどのようなものか、興味・関心を持たせた。

2. 「問題な日本語」の問題点を指摘し、根拠をまとめる。

教師 ワークシート①（▶ p.207）に『問題な日本語』（大修館書店）から抜粋した「問題」のある日本語が含まれる文を挙げた。それぞれどのような点が問題かを指摘し、なぜ「問題」なのかを説明しよう。

　ワークシート①を用いて「『問題な日本語』ハンティング」を行った。正しい表現に訂正し、「問題」の理由を考え、なぜ間違いなのかという過程で順序立てて記入させた。間違った言葉遣いにも明確な理由があり、時代や場面によって言語が誤用されたり変容しやすい性質を持つことを捉えさせた。

!ポイント1 ▶ p.209

3 グループ内で根拠を共有し、間違うことでの表現効果についてグループでまとめ全体発表を行う。

教師 間違った使い方をされることにも理由がある。なぜ間違った使い方の方が広がってしまったのだろうか。間違った言葉の表現効果についてまとめてみよう。

　「間違い」＝「悪」とするのではなく、間違う理由について考えさせることで、表現の多様性についてより思考の深化ができるように図っていく。次時のプレゼンテーションの発表において、「日本語（言葉）やコミュニケーションはどうあるべきか」という観点も含ませて発表原稿、提示資料を作成することを意識付けておく。

第2次（2〜3時限目）

●指導目標
1 問題点を説明することで、表現や言語について考えをまとめさせる。
2 三段落構成を踏まえて、発表原稿と提示資料を作成する。
3 聞き手に配慮した資料の提示と説明を行う。
4 より明確に伝わるように表現の工夫をする。

●本時の展開
1 プレゼンテーションで発表する言葉を選ぶ。
2 発表原稿をまとめる。
3 発表練習を行う。

●指導の実際
1 **プレゼンテーションで発表する言葉を選ぶ。**

教師 テキストである『問題な日本語』から、グループでプレゼンテーションの発表を行う言葉を決める。選んだ言葉の問題点を説明しつつ、前時で学んだ言葉の性質を踏まえて、私たちはこれから言葉をどのように使っていくべきかを提案しよう。（ワークシート②▶p.207）

　テキストの目次を資料として配付し、グループで話し合わせた。問題点の難易度や話題性を選択基準にさせず、あくまでも「日本語（言葉）はどうあ

るべきか」という提示をするプレゼンテーションの発表を意識し選択させた。前時を踏まえ、プレゼン発表するという流れを意識させた。机間指導を行い、選択した言葉と結論の提示に一貫性があるかどうか、助言と即時評価を行った。

〈言葉を選択できないグループの傾向〉

・問題点が明確すぎて結論の提示がしにくい。
　例：「違和感を感じる」…「感」が重複していること以外に、問題点からの発展性が薄く、結論の提示が困難であった。
・問題点が複数あり、生徒がまとめきれていない。
　例：「普通に」…「普通においしい」「普通に寝ていた」等、場面によりニュアンスが変わる言葉を明確に定義付けできなかった。

2　発表原稿をまとめる。

教師　発表原稿を三段落構成でまとめてみよう。「国語総合」で学習をした三段落構成（序論－本論－結論）を確認しよう。

段落構成について、既習事項の資料を配付して説明した。1年次に「国語総合」の表現分野や、小論文模試等で600字の小論文を作成している。三段落構成を把握しながら、発表資料を作成させることの意識付けを行った。

教師　3枚の画用紙に言葉を提示しながら、三段落構成でプレゼンテーションの発表をしよう。選択した言葉の提示、問題点の説明、結論「日本語（言葉）はどうあるべきか」の三段落構成になるよう、発表原稿を作成しよう。選択した言葉について画用紙に何をどう提示し、結論で何を述べるかをグループで話合いながらまとめよう。

3枚の画用紙で提示する言葉は文にならないように端的な表現でまとめさせる。（例「(例「なので」…適「接続詞？」不適「『なので』は接続詞ではないから問題だ」）特に結論の提示は印象に残るように表現を工夫させる。口頭説明の原稿についても、提示資料と関連させながらまとめさせる。グループ内での案がまとまらないうちに役割分担をして作成を進めると、提示資料と口頭説明の内容の関連性が薄くなるので十分な話合いをするよう促し机間指導を行った。

3 発表練習を行う。

　各グループで発表者を一名選出しグループ内発表を行った。その際、以下の点についてグループ毎に指導を行った。

①提示資料について
　・説明の文章になっていないか。
　・三段落構成を意識し、口頭説明の原稿と対応しているか。
　・資料を替えるタイミングは適切か。

②口頭説明の原稿について
　・三段落構成を意識し、提示資料と対応しているか。
　・根拠や知識だけを並べた内容になっていないか。
　・結論の提示において聞き手に訴えるような内容になっているか。

発表練習の後にグループ内で振り返りを行い、提示資料と口頭説明の原稿を修正した。 ポイント2 ▶ p.208

第3次（4時限目）

●指導目標
1 発表活動を通して表現の多様性を理解する。
2 観点を明確にして評価を行う。
3 表現や言語、コミュニケーションについて自己の考えをまとめる。

●本時の展開
1 発表活動を行う。
2 評価と考察を行う。

指導の留意点　配布したワークシートで、個人の振り返りの評価も行えるようにする。

●指導の実際
1 発表活動を行う。

教師 各グループでプレゼンテーションの発表を3分間行い、評価用紙に各グループの評価を記入しなさい。評価の観点は「伝えたいことが明確であるか」「表現・コミュニケーションについて考えをまとめているか」の2点。ワークシートにメモをしながら発表を聞き、最後に学習活動全体の自己評価を行う。

　プレゼンテーション発表者と聞き手が評価の観点を共有し、発表活動に目的を持たせた。発表後は発表者に工夫したポイントや、強調したい内容を述べさせ評価の参考にした。聞き手に評価してほしい点を発表者が述べることで、発表が活動の目標に沿った内容になっていたかを互いに確認することができると考えた。発表後に再度目標を意識付けすることで学習者全体での活動になるようにした。

2　評価と考察を行う。

教師 ワークシートで提示した目標に沿って学習活動ができたかどうか自己評価をする。さらに、自己評価の最後に授業の感想をまとめてもらう。授業を通しての言葉に対する意識の変化、表現やコミュニケーションについて考えたことを踏まえ将来の日本語のあるべき姿について考えをまとめてみよう。

　「あるべき姿」の一例として「残したい日本語」という視点を設けた。挨拶や感謝の言葉など普遍的な言葉を想定し、授業前と授業後でそういった言葉に対する考え方に変化があることを期待した。挨拶や感謝の言葉が省略されることや、形が変わらないことに価値を見出すことも言葉の変容性を学ぶ意義があると考えた。生徒がプレゼンテーションの発表という表現活動を行った後に、再度言葉に対して思考を深めていくというフィードバックによる深化を図りたい。

5　授業実践の成果と課題

この授業を通しての成果として以下のことが挙げられる。

①「問題な日本語」ハンティングをすることで、自己の表現にも留意するようになり、自己の意見をより適切な表現で伝えようとした。

　普段の生活の中で、あまり意識しないできた自分たちの言葉遣いについても省みる機会となった。時と場合に応じて、どのようにすれば相手に正確にこちらの意図が伝わるのか、どのように表現を変えればよいか、効果的なコミュニケーションのあり方について、改めて生徒は考えていた。特にプレゼンテーションの発表の際には、どのような順序で何を提示し、結論で何を述べれば効果的かをグループで検討し、まとめること、また、発表の際の評価活動によって、「話すこと・聞くこと」育成の成果を挙げることができたと考える。

　生徒の感想を見ると、伝えたいことを完璧に伝えることの大切さを感じたことが分かる。表現者としての立場で感想をまとめていた。

【生徒の感想より】
・普段から省略した言葉を使うことがあるので、場面に応じて正しく相手に伝わる言葉遣いをしたいと思った。
・正しさよりも分かりやすさが優先してしまうからこそ、私たちは「言葉」という道具を正確に使わなければならない。

②生徒は言葉の変容性に気付くことだけでなく、変わらない言葉に価値を見出した。

　評価と考察にもある「変わらない言葉の価値」に生徒が気付いたことが分かる。新しい言葉や誤用が氾濫する中で、生徒自身が言葉の「不易と流行」を理解するきっかけとなった。今後言葉を使う中で、「不易」の言葉に価値を置いた表現者になることを期待したい。

【生徒の感想より】
・「こんにちは」にも深い意味があり残ってほしい日本語である。
・これからも新しい言葉が生まれると思うが、そうしたものに流されずに正しい日本語を使えるようにしたい。

③プレゼンテーションの発表を通して三段落構成を意識して文章読解ができるようになった。

　授業を行った2クラスの生徒と、行っていない1クラスの生徒でそれぞれ1200字程度の評論を読ませ、意味段落を選択肢による解答方法で三段落に分けさせた。プレゼンテーションの発表の授業を行っていないクラスの方に成績上位者が多く、現代文の平均点が20点以上上回っている。しかし、段落分けの正答率を比較すると、授業を行っていないクラスの正答率は34.6％に対し、授業を行ったクラスの正答率は43.5％であった。この結果から段落構成を把握しながら読解するスキルが向上したと考えられる。

　課題としては二つ挙げられる。一つ目はプレゼンテーションの発表の形式が適切であったかを検討する必要がある。授業者の明確なねらいの元に適切な形式で発表を行うことで、より「問題な日本語」の問題点を考察でき、表現だけでなく、言語や言語文化そのものにも生徒は関心を持つのではないか。
　課題の二つ目として、今回の授業は「話す」「読む」活動が中心の学習活動になった。小論文などの「書く」活動を取り入れることで、より思考の深化が見られる学習活動になる可能性がある。

　この授業をさらに発展させるためには、生徒自身が思考したものを「話す」「書く」などの活動を通して、より明確に伝わるようなプレゼンテーション活動の充実が求められる。生徒の感想から、表現や言語文化についてより関心を持つようになったことが分かった。「問題な日本語」のプレゼンテーションの発表は、社会の事象や問題をプレゼンテーションする活動と違い、言葉そのものを言葉でプレゼンテーションすることになる。それにより言語感覚や言語に対する意識そのものが変化・向上したと考えられる。生徒自身が思いを言葉にすることで、言語感覚は能力として形になると考えられる。教師側が生徒の実態や場面に応じたプレゼンテーションの方法を用いることで、より充実した「問題な日本語」ハンティング活動ができると思われる。

　　　　　　　　　　　　　　　　　　　　　　　　　（宮原　公）

【ワークシート①】

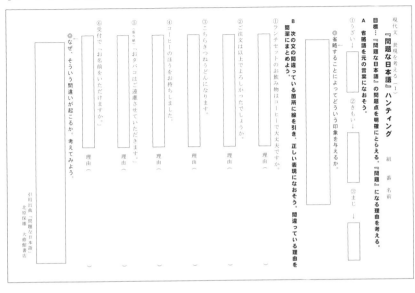

【ワークシート②(生徒記入例)】

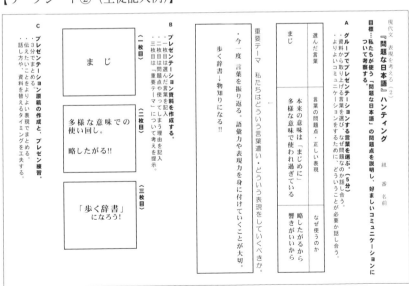

この実践ここがポイント❗

■授業の解説

　本実践は『問題な日本語』をもとに、生徒自身が自らの言葉遣いを振り返りながら、何が問題なのかについての意見を交流（対話）し、実生活における表現の仕方について思考して発表をすることで、**多様なコミュニケーション能力の育成**をめざした学習活動である。

　この学習活動は、思考を段階的に深めて発表する過程が明確であり、生徒にはあらかじめ、単元の冒頭で授業の全体構想の説明がある。そのことによって、生徒は学習の見通しにそって、主体的に取り組むことが可能になる。教師が、生徒にこれまで学習してきた「話すこと・聞くこと」「書くこと」とのつながりや、「探究学習」（総合的な学習の時間）にどのように活用できるのかという、具体的なビジョンを持たせることは、生徒の学習への動機付けや学習意欲の持続には不可欠なことといえる。

　単元の構成は、『問題な日本語』から情報を収集・整理し、それを生徒自身の実生活に当てはめて考える個の時間（ワークシート①▶p.207）、気付きをグループで共有する時間、共有した様々な考えを統合・整理してプレゼンテーションを作成する言葉の吟味の時間（ワークシート②▶p.207）、全体にプレゼンテーションを行う時間、全体で考えを共有し振り返ることで新たに考えを広げる時間（ワークシート③）、再び全体にプレゼンテーションを行う時間、聞き取ったことを基に自らの考えを振り返り深める時間といった7つのステップを踏んでいる。個で学ぶ時間から協働的に学ぶ時間を経て、最後に再び個で学ぶ時間に戻るといった単元構成によって、生徒は自らの考えを明らかにしたり、違いを認識したり、考えの変容を自覚するなど、**思考力が鍛えられる場**が途切れることなく設定されている。

　第3次の発表では、グループ内での話し合い、また3枚の画用紙を使用した三段落構成によるプレゼンテーションなど、様々なチャンネルのコミュニケーションの回路を使い、効果的なコミュニケーションのあり方について生徒たちに考えさえ、実践させることに成功したといえる。

　実践全体で注目すべき点が二つある。一つは、振り返りの時間の設定箇所である。通常、学習の最後に個の振り返りとして位置付けられることが多い

が、今回の授業では協働的に学ぶ時間にも設定されている。全体発表を聞いた後、グループで発表内容を振り返り、その内容を踏まえながら、新たな課題（「私たちが使うことばについて考え、好ましいコミュニケーションについて考える」）について意見交換を行っている。❗️ポイント❷ ▶ p.203　このように、協働的に学習内容を振り返り、次の課題に向かわせることは、話し合いで深まった考えを、そのまま個の学びへ移行しやすくなると考えられる。**どのように学んだのかというプロセス**が生徒の中に意識化されるからこそ、課題に対する答えも明確に導き出せる。また、ワークシート①の「なぜそういう間違い（問題）が起こるのか」という問いによって、生徒は「問題な」という事例に向き合うために、必然的にこれまでの自らの言語活動を見つめ直さなくてはならなくなったといえる。❗️ポイント❶ ▶ p.200　そして、最後に「好ましいコミュニケーション」のために「どんな言葉遣い・どういう表現をしていくべきか」といった問いを通して、実社会・実生活に役立つ言葉を、他の生徒との意見交流を通して再確認するだけでなく、自身の言葉で定義付けできたことが、本実践の成果といえる。

■**今後の展望**

　高校生にとって、どういう言葉遣いが、実社会や実生活で必要になるのかという問いに対して、現状認識に立った上での課題意識を持たせつつ、自分の言葉で語らせるという学習活動は、これまでの限られた人間関係や社会との関わりを見直す、一つの転機となり得るのではないか。

　今回はプレゼンテーションという形式を中心に授業を行ったが、ここで学習したことは、小論文指導などにも活用できる、汎用性のあるものである。つまり、小論文では、他者意識が不可欠であるが、メタ認知的に社会事象を捉え、自らの経験を踏まえて、適切な言葉や表現を組み合わせて、論理的に「書く」という力が求められる。

　「問題」＝「課題」がどこにあるのかを、探しながら本文を読み、さらにはこれからの自らのあり方を「言語」を軸としてまとめたことは、「課題」を自分事として捉えることができたということでもある。課題解決に向けて、協働的な学びを計画的に位置付けることで、個の能力が磨かれ、言語文化への関心の幅までも広がる可能性が見えた。

　　　　　　　　　　　　　　　　　　　　　　　　　　　　　（熊谷禎子）

資料編

■次期学習指導要領関連資料

(1) 国語科において育成を目指す資質・能力の整理

知識・技能	思考力・判断力・表現力等	学びに向かう力・人間性等
○言葉の働きや役割に関する理解 ○言葉の特徴やきまりに関する理解と使い分け ・書き言葉（文字）、話し言葉、言葉の位相（方言、敬語等） ・語、語句、語彙 ・文の成分、文の構成 ・文章の構造（文と文の関係、段落、段落と文章の関係） 　　　　　　　　など ○言葉の使い方に関する理解と使い分け ・話し方、書き方、表現の工夫 ・聞き方、読み方、音読・朗読の仕方 ・話合いの仕方 ○書写に関する知識・技能 ○伝統的な言語文化に関する理解 ○文章の種類に関する理解 ○情報活用に関する知識・技能	**国語で理解したり表現したりするための力** 【創造的・論理的思考の側面】 ➢情報を多角的・多面的に精査し構造化する力 ・推論及び既有知識・経験による内容の補足、精緻化 ・論理（情報と情報の関係性：共通－相違、原因－結果、具体－抽象等）の吟味・構築 ・妥当性、信頼性等の吟味 ➢構成・表現形式を評価する力 【感性・情緒の側面】 ➢言葉によって感じたり想像したりする力、感情や想像を言葉にする力 ➢構成・表現形式を評価する力 【他者とのコミュニケーションの側面】 ➢言葉を通じて伝え合う力 ・相手との関係や目的、場面、文脈、状況等の理解 ・自分の意思や主張の伝達 ・相手の心の想像、意図や感情の読み取り ➢構成・表現形式を評価する力 ≪考えの形成・深化≫ ➢考えを形成し深める力（個人または集団として） ・情報を編集・操作する力 ・新しい情報を、既に持っている知識や経験、感情に統合し構造化する力 ・新しい問いや仮説を立てるなど、既に持っている考えの構造を転換する力	・言葉が持つ曖昧性や、表現による受け取り方の違いを認識した上で、言葉が持つ力を信頼し、言葉によって困難を克服し、言葉を通して社会や文化を創造しようとする態度 ・言葉を通じて、自分のものの見方や考え方を広げ深めようとするとともに、考えを伝え合うことで、集団としての考えを発展・深化させようとする態度 ・様々な事象に触れたり体験したりして感じたことを言葉にすることで自覚するとともに、それらの言葉を互いに交流させることを通して、心を豊かにしようとする態度 ・言葉を通じて積極的に人や社会と関わり、自己を表現し、他者の心と共感するなど互いの存在についての理解を深め、尊重しようとする態度 ・我が国の言語文化を享受し、生活や社会の中で活用し、継承・発展させようとする態度 ・自ら進んで読書をし、本の世界を想像したり味わったりするとともに、読書を通して、未知のことを知ったり、疑似体験したり、新しい考えに出会ったりするなどして人生を豊かにしようとする態度

(2) 高等学校国語科の改訂の方向性

《現行科目》

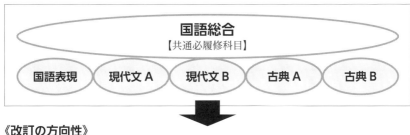

《改訂の方向性》

	【現代の国語（仮称）】		【言語文化（仮称）】	
【共通必履修科目】（案）	実社会・実生活に生きて働く国語の能力を育成する科目 ○実社会・実生活における言語による諸活動に必要な国語の能力の育成 ○例えば、 ・目的に応じて多様な資料を収集・解釈し、根拠に基づいて論述する活動 ・文学作品等を読んで、構成や展開、優れた表現などの効果について言葉の意味や働きに着目して批評する活動 ・根拠を持って議論し互いの立場や意見を認めながら集団としての結論をまとめる活動 等の重視		上代（万葉集の歌が詠まれた時代）から近現代につながる我が国の言語文化への理解を深める科目 ○我が国の伝統や文化が育んできた言語文化を理解し、これを継承していく一員として、自身の言語による諸活動に生かす能力の育成 ○古典（古文・漢文）だけでなく、古典に関わる近現代の文章を通じて、言語文化を、言葉の働きや役割に着目しながら社会や自分との関わりの中で生かすことのできる能力の育成	
	【論理国語（仮称）】	【文学国語（仮称）】	【国語表現（仮称）】	【古典探究（仮称）】
【選択科目】（案）	多様な文章等を多角的・多面的に理解し、創造的に思考して自分の考えを形成し、論理的に表現する能力を育成する科目 （主として、創造的・論理的思考の側面から「思考力・判断力・表現力等」を育成）	小説、随筆、詩歌、脚本等に描かれた人物の心情や情景、表現の仕方等を読み味わい評価するとともに、それらの創作に関わる能力を育成する科目 （主として、感性・情緒の側面から「思考力・判断力・表現力等」を育成）	表現の特徴や効果を理解した上で、自分の思いや考えをまとめ、適切かつ効果的に表現して他者と伝え合う能力を育成する科目 （主として、他者とのコミュニケーションの側面から「思考力・判断力・表現力等」を育成）	古典を主体的に読み深めることを通して、自分と自分を取り巻く社会にとっての古典の意義や価値について探究する科目 （ジャンルとしての古典を学習対象として「思考力・判断力・表現力等」を総合的に育成）

【出典】中央教育審議会初等中等教育分科会教育課程部会
「次期学習指導要領等に向けたこれまでの審議のまとめ」

■新テスト問題イメージ例
（大学入学希望者学力評価テスト（仮称）記述式問題）

> **問題イメージ＜例1＞**
>
> 国立教育政策研究所「特定の課題に関する調査（論理的な思考）」（平成24年2月実施）より一部改題
>
> 次の文章とグラフを読み，後の問いに答えよ。
>
> 次に示すのは，警察庁事故統計資料に基づいて作成された交通事故の発生件数，負傷者数，死者数のグラフと，この3つのグラフを見て，交通事故の死者数が他よりも早く，平成2年（1990年）以降減少傾向になっていることについて，4人の高校生が行った話し合いの一部である。
>
>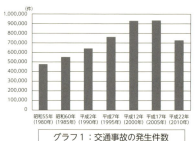
>
> グラフ1：交通事故の発生件数　　グラフ2：交通事故の負傷者数
>
>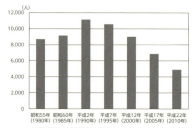
>
> グラフ3：交通事故の死者数
>
> Aさん：交通事故の死者数が他よりも早く，平成2年（1990年）以降減少傾向になっているのは，交通安全に関する国民の意識の変化が関係しているのではないかと思います。
> 　　　　その裏付けとなる資料として，「交通違反で検挙された人数の推移が分かる資料」があると思います。その資料を見れば，飲酒運転やスピード違反など，死亡事故につながるような重大な違反の割合が少なくなっていることが分かるはずです。
>
> Bさん：私は，この30年間で販売されてきた自動車の台数と安全性に関係があると思います。
> 　(a)つまり，自動車の台数は年々増加し続けているので事故件数と負傷者数はなかなか減らなかったけれども，　　　　ア　　　　ということです。
> 　　　　例えば，最近30年間における，「車の総販売台数の推移が分かる資料」と，「車の安全に関する装置の装備率の推移が分かる資料」があれば，このことを裏付けることができると思います。

Cさん：私は，交通事故の死者数が平成2年（1990年）以降減少傾向になっているのには，医療の進歩がかかわっていると思います。交通事故にあって救急車で運ばれ一命を取り留めた人が，搬送先の病院で，「以前であれば助からなかった」と医師に言われたという話を聞いたことがありました。どういうことかというと，昔は事故にあって助からなかった命が助かるようになってきたので，事故の数は増えても亡くなる人は減り続けてきたのではないかと思います。

その裏付けとなる資料として，例えば，交通事故における救急車の出動回数の推移と救命率の推移が分かる資料が考えられます。その資料を見れば，

イ

のではないでしょうか。

Dさん：私は，みなさんの意見を聞いて，次のように話し合いの内容を整理してみました。Aさん，Bさん，Cさんは，3人とも，3つのグラフを比べて1つのグラフだけが異なる傾向を示している現象に着目し，その要因について仮説を立て，その根拠として考えられる資料を挙げて，その資料から推測される内容を述べられました。

これから，皆さんの仮説を検証するための検討や資料収集をしていきましょう。(以下，省略)

問1　Bさんは，下線部(a)「つまり」以下で，どのような内容を述べることになるか。空欄　ア　に当てはまる適切な内容を40字以内で書きなさい（句読点を含む。）。

問2　空欄　イ　でCさんはどのように発言したでしょうか。あなたが考える内容を，80字以上，100字以内で書きなさい（句読点を含む。）。

＜解答例＞
問1　ア　自動車の安全性が向上してきたので，死者数は減ってきた（26字）

問2　イ　救急車の出動回数については交通事故の発生件数や負傷者数とほぼ同様に上昇傾向で推移しているのに対し，救命率については死者数の推移とは逆に上昇傾向で推移していることが分かる（84字）

【出典】
高大接続システム改革会議「『大学入学希望者学力評価テスト（仮称）』で評価すべき能力と記述式問題イメージ例【たたき台】」（第9回会議配付資料）
※国語の記述式問題イメージは，ほかに例2・3が公開されている。また，「高等学校基礎学力テスト（仮称）」についても問題作成イメージの例が公開されている。（第13回同会議配付資料）

■主要キーワード解説

■アクティブ・ラーニング（主体的・対話的で深い学び）

　教員による一方向的な講義形式の授業とは異なり、生徒が主体的に多様な人々と協働しつつ行う能動的学習のこと。「次期学習指導要領に向けたこれまでの審議のまとめ」（以下「審議まとめ」）ではそのねらいが、「主体的な学び」「対話的な学び」「深い学び」の三つの視点に整理された。

　アクティブ・ラーニングは、そもそも大学の大衆化、ユニバーサル化による教育の質保証の観点から注目された。初等中等教育においても、資質・能力の育成のため、授業改善の視点として次期学習指導要領に位置付けられることになった。

(▶ p.022、070)

■資質・能力

　グローバル化の進展や人工知能（AI）の飛躍的進化等、将来の予測が困難な社会の中でも未来を切り開き、持続可能な社会を創り出していくために必要とされる力（「生きる力」）とはどのようなものかを具体化したもの。「何を理解しているか、何ができるか（生きて働く「知識・技能」の習得）」「理解していること・できることをどう使うか（未知の状況にも対応できる「思考力・判断力・表現力等」の育成）」「どのように社会・世界と関わり、よりよい人生を送るか（学びを人生や社会に生かそうとする「学びに向かう力・人間性等」の涵養）」の3つの柱からなる。資質・能力に着目した教育課程は、OECDのDeSeCoプロジェクトをはじめとして世界的な潮流となっている。国語科全体の育成をめざす資質・能力は、p.212参照。

(▶ p.012、022、036、071)

■見方・考え方

「どのような視点で物事を捉え、どのように思考していくのか」という物事を捉える視点や思考の枠組みのこと。各教科の学習を通して身に付けられるこの「見方・考え方」は、社会生活の中で様々な物事を理解したり思考したりする際に重要な働きをするものでもあり、各教科の教育と社会をつなぐものといえる。

（▶ p.012、031、074）

■カリキュラム・マネジメント

生徒や地域の実情を踏まえつつ、各学校が設定する教育目標を実現するために、学習指導要領等に基づき、教育課程を編成し、それを実施・評価し改善していく取り組みのこと。全ての学習の基礎となる力やこれからの社会のあり方を踏まえて求められる資質・能力が、教科等を越えて教育課程全体を通じて育成されるようにその役割が期待されている。「審議まとめ」においては、次の三つの側面から捉えなおされている。

①各教科等の教育内容を相互の関係で捉え、学校教育目標を踏まえた教科横断的な視点で、その目標の達成に必要な教育の内容を組織的に配列していくこと。
②教育内容の質の向上に向けて、子供たちの姿や地域の現状等に関する調査や各種データ等に基づき、教育課程を編成し、実施し、評価して改善を図る一連のPDCA（Plan [編成]-Do [実施]-Check [評価]-Action [改善]）サイクルを確立すること。
③教育内容と、教育活動に必要な人的・物的資源等を、地域等の外部の資源も含めて活用しながら効果的に組み合わせること。

（▶ p.029、039、078）

■高等学校基礎学力テスト（仮称）／大学入学希望者学力評価テスト（仮称）

高大接続改革の中で導入が検討されている新テスト。「高大接続システム改革会議『最終報告』」で示された概要は以下のとおり。

(▶ p.021、059、062、078)

	高等学校基礎学力テスト（仮称）	大学入学希望者学力評価テスト（仮称）
導入時期	・平成31（2019）年度導入予定。 ※平成35（2023）年度から次期学習指導要領に対応。	・平成32（2020）年度導入予定。 ※平成36（2024）年度から次期学習指導要領に対応予定。
目的	・高校段階における生徒の基礎学力の定着度合を把握・提示できるようにする。	・大学教育を受けるために必要な能力について把握する。
対象者	・高校生の学校単位での受験を基本とするが、既卒業者等の受験も可能となるようにする。	・大学入学希望者
問題の内容	・基礎的な「知識・技能」を問う問題を中心とする。	・「思考力・判断力・表現力」を中心に評価する。
対象教科・科目	・国語（国語総合）／数学（数学Ⅰ）／英語（コミュニケーション英語Ⅰ） ※次期学習指導要領が実施される段階で地理・歴史や公民、理科等を導入する。	・科目数はできるだけ簡素化する。 ※「最終報告」には、「地理歴史、公民」「数学、理科」「国語」「英語」への言及あり。また次期学習指導要領下では、「数理探究（仮）」や「情報」についても出題予定。
実施回数・時期	学年や時期、教科・科目等に関し、学校又は設置者において適切に判断できる仕組みとする。	・実施回数・時期については引き続き検討。 ※複数回実施の場合はIRTの導入も検討。 ・記述式・選択式の試験日を別々にすることも検討する。
解答方式	・選択式や記述式など多様な解答方式を導入する。 ・当初、記述式は短文記述を一部試行実施する。 ※次期学習指導要領の実施に合わせて一定数以内の文字を書く記述式の問題を導入する ・CBT・IRTの導入を検討する。	・選択式と記述式。 ・記述式は短文の「条件付き記述式」とし、当面は国語、数学のみ実施。 ※次期学習指導要領下では、より文字数の多い問題を導入。 ・CBTの試行に取り組む。 ※次期学習指導要領下から実施。

成績提供方法	・複数段階で結果を提供する。 ・各学校や生徒等の順位は示さない。	・選択式は、各科目の領域ごと、問ごとの解答状況も合わせて提供するなど現行より多くの情報を各大学に提供する。 ・記述式は評価結果を段階別表示する。

■ CBT

　Computer Based Testing の略。コンピューターを利用した試験の総称。「大学入学希望者学力評価テスト」「高等学校基礎学力テスト」においても導入が検討されている。　　　　　　　　　　　　　　　　　　（▶ p.059）

■ IRT

　Item Response Theory（項目反応理論）の略称。この理論を用いることにより、テストを複数回受験する場合の難易度差による不公平を排除することが可能となる。二つの新テストの複数回実施の可能性とあわせて導入が検討されている。ただし導入のためには、事前に難易度推定のための予備調査や多量の問題のストックが必要とされ、また基本的に問題は非公開となり指導の工夫・充実に生かしにくいことなどもあり、検証が引き続き行われている。

【参考資料】
教育課程部会「次期学習指導要領等に向けたこれまでの審議のまとめ」
高大接続システム改革会議「最終報告」

あとがき

　本書の企画から編集・刊行までの期間は、昨年夏に「論点整理」が出てから国語ワーキングの検討を経て本年8月の「審議まとめ」まで、次期学習指導要領の方向性と大枠を決める検討とほぼ重なります。多くの方々のご協力により、予定通り約一年で刊行することができました。高等学校の国語科教育が大きく変わろうとしていることは、本書をご一読いただければご理解いただけることと思います。また、次の改訂のビジョンを本書はわかりやすく解説しています。生徒にとって、国語の授業がもっと楽しく、意義のあるものと思えるように、そして、社会に出てからも活用できる力が実感できるように、高校国語科が脱皮し飛翔する姿を思い描きながら本書を編みました。

　そもそもは、盟友、大滝一登先生のアイディアとともに立ち上げた「これからの高校国語教育研究会」の成果を土台にして、次期改訂を見据えながら現行の到達点を示せるような実践の姿を世に問いたいと考えたからでした。その研究会もようやく軌道に乗ったところです。本書の刊行を機に、今後はより多くの方々の参加を呼びかけ、定期刊行物の発行等も含めて、さらに活発な研究会活動を続けていきたいと思っています。

　本書の実践編は、主にこの研究会に集う方々に書いてもらいました。人選・原稿の監修にあたっては、東京の佐藤和彦先生、茨城の渡邉剛先生、山梨の河手由美香先生、秋田の熊谷禎子先生にお力添えをいただきました。編者と実践者との間に立って、細かな注文にも迅速にお応えいただいたことに心から感謝申し上げます。本来ならば、もっと十分な時間とコミュニケーションを費やして行う工程を、先生方のご厚意に甘える形となりました。また、理論編をご執筆いただいた先生方には、短期間での無理なお願いにもかかわらずご快諾いただき、優れた論考をお寄せいただきましたことを厚く御礼申し上げます。

　最後になりますが、企画段階から親身になって相談に乗っていただいた大修館書店編集部の林雅樹氏・木村信之氏には心より感謝申し上げます。お二人の迅速かつ丁寧なお仕事によって本書を世に送ることができました。

　　　　　　　　　　　平成28年9月25日　　　　　　幸田国広

執筆者・執筆箇所一覧（執筆順、所属は執筆時）

大滝一登（おおたき　かずのり）文部科学省初等中等教育局教育課程課教科調査官(国語)
　　……〈理論編〉①
幸田国広（こうだ　くにひろ）早稲田大学教育・総合科学学術院教授
　　……〈理論編〉②、〈実践編〉③④「この実践ここがポイント」
髙木展郎（たかぎ　のぶお）横浜国立大学名誉教授……〈理論編〉③
藤森裕治（ふじもり　ゆうじ）信州大学教育学部教授……〈理論編〉④
島田康行（しまだ　やすゆき）筑波大学人文社会系教授……〈理論編〉⑤
折居篤（おりい　あつし）山梨県立韮崎高等学校教諭……〈実践編〉①
河手由美香（かわて　ゆみか）山梨県立甲府西高等学校教頭
　　……〈実践編〉①⑤「この実践ここがポイント」
西本光（にしもと　ひかる）東京都立東大和南高等学校教諭……〈実践編〉②
佐藤和彦（さとう　かずひこ）東京都立広尾高等学校校長
　　……〈実践編〉②⑨「この実践ここがポイント」
黒田学（くろだ　まなぶ）法政大学第二中・高等学校教諭……〈実践編〉③
佐野幹（さの　みき）宮城教育大学講師……〈実践編〉④
小林一之（こばやし　かずゆき）山梨県立甲府城西高等学校教諭……〈実践編〉⑤
土門高士（どもん　たかし）秋田県立秋田高等学校教諭……〈実践編〉⑥
熊谷禎子（くまがい　よしこ）秋田県総合教育センター　教科・研究班　主任指導主事
　　……〈実践編〉⑥⑩「この実践ここがポイント」
大竹伸輝（おおたけ　のぶてる）茨城県立竹園高等学校教諭……〈実践編〉⑦
渡邉剛（わたなべ　つよし）県立水戸南高等学校通信制教頭
　　……〈実践編〉⑦⑧「この実践ここがポイント」
十文字富美絵（じゅうもんじ　ふみえ）茨城県立波崎柳川高等学校教諭
　　……〈実践編〉⑧
小川一美（おがわ　かずみ）東京都立大森高等学校教諭……〈実践編〉⑨
宮原公（みやはら　こう）秋田県立横手清陵学院高等学校教諭……〈実践編〉⑩

［編著者紹介］

大滝一登（おおたき　かずのり）
1964年、千葉県に生まれる。岡山大学大学院教育学研究科国語教育専攻修了。文部科学省初等中等教育局教育課程課教科調査官（国語）。国立教育政策研究所教育課程研究センター教育課程調査官・学力調査官。
　著書に『アクティブ・ラーニングを取り入れた授業づくり　高校国語の授業改革』（共編著、明治書院）、『中学校・高等学校　言語活動を軸とした国語授業の改革　10のキーワード』（共編著、三省堂）など。

幸田国広（こうだ　くにひろ）
1967年、東京都に生まれる。早稲田大学大学院教育学研究科博士後期課程修了。早稲田大学教育・総合科学学術院教授。博士（教育学）。
　著書に、『益田勝実の仕事5　国語教育論集成』（編、筑摩書房）、『高等学校国語科の教科構造　戦後半世紀の展開』（渓水社）、『教職エッセンシャル　学び続ける教師をめざす実践演習』（共編著、学文社）、『文学の教材研究　〈読み〉のおもしろさを掘り起こす』（共著、教育出版）など。

変わる！　高校国語の新しい理論と実践
──「資質・能力」の確実な育成をめざして

© OTAKI Kazunori & KODA Kunihiro, 2016　　　　NDC 375／222p／21cm

初版第1刷──2016年11月20日
　第2刷──2019年9月1日

編著者	大滝一登・幸田国広
発行者	鈴木一行
発行所	株式会社大修館書店

　　　　〒113-8541　東京都文京区湯島2-1-1
　　　　電話　03-3868-2651 販売部／03-3868-2291 編集部
　　　　振替　00190-7-40504
　　　　［出版情報］https://www.taishukan.co.jp

装丁者	内藤惠子
印刷所	壮光舎印刷
製本所	ブロケード

ISBN978-4-469-22256-2　　　　　　　　　　　　　　Printed in Japan

Ⓡ本書のコピー，スキャン，デジタル化等の無断複製は著作権法上での例外を除き禁じられています。本書を代行業者等の第三者に依頼してスキャンやデジタル化することは、たとえ個人や家庭内での利用であっても著作権法上認められておりません。